AF346609

HISTOIRE

DES

FAÏENCES ET PORCELAINES

DE

MOUSTIERS, MARSEILLE

ET AUTRES FABRIQUES MÉRIDIONALES

HISTOIRE

DES

FAÏENCES HISPANO - MORESQUES

A REFLETS MÉTALLIQUES

HISTOIRE

DES

FAÏENCES ET PORCELAINES

DE

MOUSTIERS, MARSEILLE

ET AUTRES FABRIQUES MÉRIDIONALES

PAR

M. J.-C. DAVILLIER

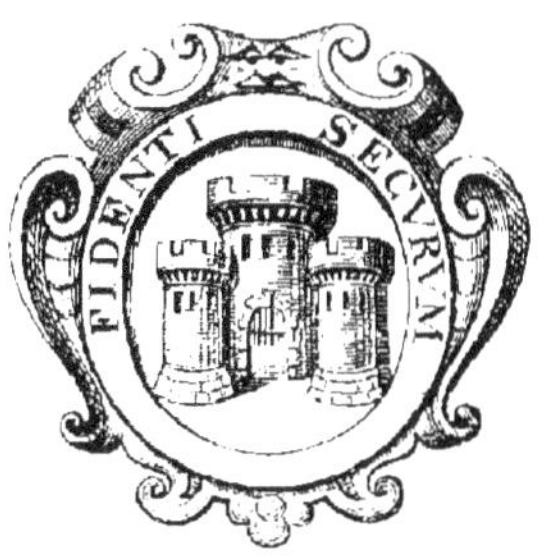

PARIS

S. CASTEL, ÉDITEUR

PASSAGE DE L'OPÉRA, GALERIE DE L'HORLOGE

—

1863

A MONSIEUR RIOCREUX

CONSERVATEUR DU MUSÉE DE SÈVRES

Permettez-moi, mon cher Monsieur, de vous dédier ce petit livre, où j'ai essayé de faire l'histoire de la céramique en Provence et en Languedoc. Il s'en faut qu'il soit digne de vous être offert ; mais votre bienveillance est si grande, que je n'ai pas hésité à mettre mon travail sous la protection de votre nom.

Nos faïences françaises, trop longtemps dédaignées, ne sont encore qu'imparfaitement connues ; cependant, si elles ne résument pas un art aussi élevé que les faïences italiennes de la grande époque, elles méritent, par leurs qualités décoratives, d'exciter l'attention des curieux et les recherches des hommes studieux.

Des esprits supérieurs n'ont pas dédaigné, dans ces derniers temps, d'approfondir l'histoire de nos anciennes faïences : je n'ai qu'à citer, pour le prouver, la récente découverte de la fabrique d'Oiron, une belle publication sur les fabriques de Nevers, et l'excellent livre qu'un savant des plus estimés prépare sur celles de Rouen.

Encouragé par des exemples que je ne suivrai que de loin, je n'ai rien épargné pour réunir des documents authentiques, incomplets peut-être, mais qui parlent toujours plus juste que les raisonnements les plus ingénieux.

J'espère donc que les amateurs, imitant votre indulgence, jugeront cet essai sans trop de sévérité, et voudront bien, comme vous-même, excuser les fautes de l'auteur.

J.-C. DAVILLIER.

Paris, 25 février 1863.

HISTOIRE

DES

FAÏENCES ET PORCELAINES

DE

MOUSTIERS, MARSEILLE

ET AUTRES FABRIQUES MÉRIDIONALES

I

Les faïences de Moustiers ont été longtemps oubliées. — On les attribue à Rouen, à Saint-Cloud, puis à Marseille. — M. Riocreux est le premier à faire connaître leur véritable origine.

C'est seulement depuis quelques années que les faïences de Moustiers sont connues des amateurs ; l'existence de cette fabrique avait même échappé aux écrivains spéciaux : ainsi M. Alexandre Brongniart n'en a fait aucune mention dans son *Traité des arts céramiques et des poteries*, publié en 1844 ; cependant le musée de Sèvres possédait plusieurs pièces de cette faïence, portant cette marque, si connue aujourd'hui, qui se compose d'un O traversé par un **L**, et suivi d'une ou de plusieurs lettres.

Ces pièces étaient attribuées à la fabrique de Rouen; erreur facile à comprendre, car à cette époque on ne soupçonnait pas qu'il eût existé dans le midi de la France des faïenceries aussi considérables. En 1855, M. Alphonse Salvetat publia une seconde édition du *Traité des arts céramiques*, et nous y retrouvons l'attribution erronée de la marque citée plus haut. Cette erreur est reproduite dans l'*Histoire de la poterie et de la porcelaine* de M. Joseph Marryat, publiée à Londres en 1857.

Cependant plusieurs pièces de faïence de Moustiers avaient déjà attiré les regards de quelques amateurs qui, sans en savoir l'origine, hésitaient à les reconnaître comme rouennaises. Ils avaient surtout remarqué de charmants spécimens, tels que plats, hanaps, plateaux, etc., d'un galbe élégant, dont l'émail irréprochable était orné de précieuses arabesques en camaïeu bleu, rappelant le style de Boulle, des Bérain, de J.-B. Toro, et d'autres artistes de la fin du XVIIe siècle ou de l'époque de la Régence.

Quelques personnes pensèrent que ces produits

pouvaient venir de la fabrique de Saint-Cloud : ainsi nous avons vu au musée de Kensington, à Londres, un flambeau à base quadrangulaire attribué à cette usine. Il est certain que vers 1700 on y faisait à la fois des faïences et des porcelaines (1); et comme les ornements en bleu de ces dernières ont de l'analogie avec ceux qu'on trouve si fréquemment sur les faïences de Moustiers, cette attribution ne manquait pas d'une certaine vraisemblance. Cependant la vérité tardait encore à se faire jour : c'est M. Riocreux, le savant conservateur du musée de Sèvres, qui la fit enfin connaître, après avoir été mis sur la trace par de vagues indications de quelques personnes du Midi.

Deux ans après, en 1858, un amateur de Marseille, M. A. Mortreuil, dans une intéressante notice sur les anciennes industries marseillaises, mentionna les faïences que nous venons de voir attribuées à Rouen par M. Brongniart, et, prenant pour base l'erreur de ce savant, tomba lui-même dans une autre erreur en les attribuant à Marseille.

« C'est, dit-il, à des ouvriers venus de Rouen, et non pas de Fayence en Provence, comme on pour-

(1) On lit dans le *Mercure galant* (octobre 1700) que la duchesse de Bourgogne, « ayant passé par Saint-Cloud, fit arrêter son carosse à la porte de la maison où MM. Chicanaux ont établi depuis quelques années une manufacture de porcelaines fines... Elle alla ensuite voir travailler aux fayences qui se fabriquent dans la manufacture. »

rait le supposer à cause de la proximité du lieu, que sont dus les premiers fours à poterie émaillée établis à Marseille. Voici sur quels indices je fonde mon opinion : le musée de Sèvres possède trois plats provenant des anciennes fabriques de Rouen, qui portent, comme marque principale de fabrique, la lettre L que traverse un petit O, accompagnée de monogrammes qui paraissent être les marques des peintres qui ont peint le décor. Or, on rencontre à Marseille une assez grande quantité de vieilles faïences qui portent la même marque principale, avec quelques variantes dans les marques secondaires.

Il est impossible d'admettre que celles-ci aient été importées de Rouen : quel avantage pouvait-il y avoir à faire venir d'aussi loin des objets aussi fragiles que des poteries, lorsqu'il existait dans Marseille de nombreuses fabriques qui suffisaient de reste à alimenter la consommation locale? De plus, les faïences trouvées à Marseille portant la marque de Rouen ont un tout autre caractère que celles provenant directement des fabriques rouennaises : elles ne présentent ni le même émail, ni le même genre de décoration. Il est donc vraisemblable qu'un fabricant de Rouen a, dans les dernières années du XVII siècle, apporté à Marseille ses procédés de fabrication et sa marque particulière, et a ainsi doté notre ville d'une branche de commerce toute nouvelle. »

Si je cite ce passage, c'est pour rectifier une erreur que M. A. Mortreuil lui-même a sans doute reconnue : les faïences en question sont bien de Moustiers, et n'offrent pas plus de ressemblance avec celles de Marseille qu'avec celles de Rouen (1).

Un an après la publication de M. A. Mortreuil, la *Gazette des Beaux-Arts* publia un intéressant article de MM. Albert Jacquemart et Edmond Le Blant sur les anciennes faïences françaises. Les auteurs de ce travail, confirmant les opinions déjà émises par M. Riocreux, citèrent un manuscrit anonyme de la fin du siècle dernier, conservé à la bibliothèque de Marseille. Ce manuscrit ne contient malheureusement sur les faïences méridionales que des notions bien imparfaites ; l'auteur, qui écrivait une centaine d'années après l'époque où commença la fabrication à Moustiers et à Marseille, ne me paraît mériter qu'une faible créance. J'aurai cependant l'occasion de citer

(1) Je ne veux parler ici que des faïences de Marseille postérieures au milieu du XVIIIe siècle : car, ainsi que je le montrerai bientôt, il existait dans cette ville, dès 1697, une fabrique de faïence qui n'a jamais été signalée, et qui prenait pour modèles les produits contemporains des ateliers de Nevers.

son travail, en en faisant remarquer les erreurs et le
omissions ; en attendant, je donnerai les documents
qu'il m'a été possible de recueillir, soit dans les livres, soit dans les archives locales, soit enfin sur les
monuments mêmes.

Les fabriques de Moustiers ont été mentionnées par plusieurs auteurs du XVIIIe siècle. — Un plat signé : *G. Viry f. a Moustiers. chez Clérissy*. — Un Clérissy, ouvrier en terre sigillée, à Fontainebleau, en 1642. — Fabriques de poteries grossières à Moustiers. — Pierre Clérissy, maître faïencier dans cette ville en 1686.

Bien que Moustiers ne fût qu'une très-petite ville, perdue, pour ainsi dire, au milieu d'une contrée montagneuse et peu accessible, et presque isolée du reste de la France, on a de la peine à comprendre que ses faïenceries, si connues au siècle dernier, soient tombées depuis dans un oubli aussi profond. Piganiol de la Force, le Voyageur français (l'abbé Delaporte), le médecin Darluc, l'avocat Gournay et bien d'autres, en font mention dans leurs ouvrages.

Les produits de Moustiers étaient donc connus et appréciés il y a plus de cent ans; mais il s'agissait de les déterminer avec certitude : le hasard m'y aida beaucoup, en me faisant acquérir, il y a quelques années, une pièce des plus intéressantes, portant non-seulement la signature du peintre, mais le nom de la localité et celui du fabricant. Je veux parler d'un plat ovale, sur lequel est peinte en bleu une chasse à l'ours d'après Antoine Tempesta (1). Au premier plan, un cavalier, monté sur un cheval fougueux, enfonce son épieu dans le flanc de l'ours ; d'autres cavaliers et des veneurs à pied, armés de lances et d'épées, sortent d'une forêt et entourent l'animal féroce ; de vigoureux molosses aboient autour de lui et paraissent hésiter à l'attaquer, car un d'eux, qui vient d'être éventré, est étendu mourant sur le sol. A gauche, au second plan, une scène à peu près semblable est représentée au milieu d'un paysage montagneux. La bordure est entièrement occupée par une frise d'un très-bon style, composée de mascarons et de griffons ailés se jouant au milieu d'élégantes arabesques, et supportant des cartouches où sont représentés différents animaux.

Cette peinture, d'une exécution bien supérieure à tout ce qu'ont produit les autres fabriques françaises, sans excepter Nevers et Rouen, porte la signature de Gaspard Viry, qui est assurément le peintre le plus habile qui ait travaillé à Moustiers ; son nom, qu'il a placé au bas du sujet principal, est suivi de

____

(1) Ce peintre graveur, né à Florence en 1555, mourut à Rome en 1630. Son œuvre dépasse 2,000 pièces.

celui de la fabrique et de celui de Clérissy, chez
qui il travaillait ; en voici le fac-simile :

·G. viry f. a Moustiers. chez Clerissy

Dans l'espoir de découvrir quelques documents
dans les archives, je me rendis à Moustiers, et non-
seulement je trouvai auprès du maire, M. Berbegier,
le plus obligeant accueil, mais encore il voulut bien
m'aider personnellement dans les recherches qui in-
téressaient sa ville natale.

Les archives de l'état civil de Moustiers, dont les
actes sont rédigés tantôt en français, tantôt en dia-
lecte provençal, remontent à l'année 1592, et, sauf
quelques lacunes dans les premiers temps, sont dans
un ordre parfait. Dès le 11 janvier 1632, on voit figurer le nom de Clérissy : cette famille comptait déjà
parmi ses membre des potiers, et même un artiste,
ou plutôt *ouvrier en terre*, comme on les appelait
alors. C'est ici le moment de faire un rapprochement
trés-intéressant, que je dois à la sagacité de M. Riocreux : l'excellent conservateur de Sèvres m'a signalé une fabrique qui existait à Fontainebleau dès
le commencement du XVIIe siècle (1). Vers la fin

(1) D'après des documents contemporains conservés à
Sèvres, cette fabrique aurait produit des ouvrages de terre
intéressants, parmi lesquels il faut citer la fameuse *Nour-
rice*, qu'on a attribuée à tort à Bernard Palissy.

du règne de Louis XIII, il y fut fondé par un sieur Antoine Clérici une verrerie et une fabrique de *terre sigillée*, dont le père Dan parle dans son *Trésor des merveilles de la maison royale de Fontaine-bleau* (1) :

... « Proche de cette église (Saint-Pierre d'Avon, paroisse de la ville), vers le Septentrion, et immédiatement au bout du parc de ce chasteau, est la maison Seigneuriale de Monceau, où l'année passée 1641 a esté establie une verrerie royale par lettres patentes du Roy données au mois de mars 1640, et par arrest du Conseil Privé de Sa Majesté, tenu à Paris le cinquième jour de juin 1641 ; et ce en faveur du sieur Antoine Clérici, ouvrier en terre sigillée, et de ses associez ; leur donnant pouvoir d'y faire des Verres, Miroirs, Glaces, et autres ouvrages de Verrerie, et les vendre et distribuer par tout le royaume, et mesmes les transporter hors d'iceluy : le sieur Cléricy a déjà si bien réussi en son entreprise, qu'il s'y fait des verres de cristal des plus beaux et des plus fins qui se fassent point partout ailleurs, et des ouvrages de terre sigillée. »

Le nom d'Antoine Cléricy, ou Clérissy (on sait qu'autrefois on s'attachait peu à l'orthographe des noms propres), se retrouve plusieurs fois dans les archives de Moustiers, notamment aux années 1660 et 1664 ; il est probable que *l'ouvrier en terre sigillée*,

(1) Paris, 1642, in-fol., p. 338.

après avoir acquis l'aisance à Fontainebleau, vint
en jouir dans son pays natal et y finir ses jours.
Quarante ans plus tard, le 26 mars 1704, un second
Antoine Clérissy, sans aucun doute le fils de celui qui
travailla à Fontainebleau, figure à Moustiers à l'occasion du baptême de son fils ; et ce fils n'est autre
que Pierre Clérissy, le même qui, vers 1743, comme
on le verra, fut anobli par Louis XV, après avoir
porté si haut la réputation des faïences de Moustiers.

Depuis longtemps, du reste, on faisait dans cette
ville de la poterie commune. Jean Solomé, prêtre
bénéficier, dans son Histoire manuscrite de Moustiers, sa ville natale, écrite en 1756, dit que la porte
occidentale est appelée en provençal *lou pourtaou
des oules*, c'est-à-dire le portail des pots (ollas) : ce
nom vient de ce que les potiers de terre y exposaient
leurs ouvrages pour les faire sécher au soleil. Jean
Clérissy, dont on voit l'extrait mortuaire à la date de
1689, était un de ces potiers. En quoi consistaient
leurs ouvrages ? Étaient-ce uniquement des poteries
grossières sans ornements, destinées à l'usage jour-
nalier des ménages ? Je ne le pense pas ; on trouve
dans la contrée une assez grande quantité de grands
plats, vases, etc., en terre vernissée, brune ou jaunâtre, couverts d'ornements en relief représentant
divers animaux, des plantes, etc., qui rappellent
d'une façon très-grossière, il est vrai, les travaux de
Palissy. Il n'est pas improbable que ces objets aient
été fabriqués par les potiers de Moustiers.

Occupons-nous maintenant de Pierre Clérissy, qui fut le premier à faire dans cette ville de la faïence proprement dite. A la date du 3 janvier 1677, nous le voyons figurer comme témoin, puis encore le 18 décembre 1685, mais sans mention de profession ; l'année suivante, au 11 septembre 1686, nous trouvons l'acte de baptême d'Anne Clérissy, fille de Pierre Clérissy, *maître fayansier* (sic).

Nous savons donc, par un document authentique, qu'en 1686 l'établissement de Pierre Clérissy était déjà en pleine activité. Avant d'en suivre les développements, jetons un coup d'œil sur l'état où se trouvait la fabrication de la faïence à l'époque où cet homme supérieur sut créer en Provence une industrie qui devait valoir à lui sa fortune, à ses descendants l'anoblissement, et à son pays plus d'un siècle de prospérité.

III

La fabrication de la faïence était très-répandue en Europe au
XVIIe siècle. — Nombreuses pièces d'argenterie détruites en
France sous Louis XIV. — Les faïences remplacent la vaisselle d'argent dans l'ornement des buffets. — Les raccommodeurs de faïence au XVIIIe siècle.

M. le docteur Bondil, de Moustiers, dans une notice publiée dans le *Journal des Basses-Alpes* (1),
rapporte que, vers le commencement du XVIIIe siècle, un moine servite vint s'établir au monastère de
son ordre, fondé dans cette ville vers la fin du XIe
siècle. Le religieux fit connaître à un des potiers
du pays, Clérissy, le moyen d'obtenir un émail opa-
que blanc, propre à recouvrir les poteries communes. Ce Clérissy les décora de beaux ornements en
bleu, et acquit promptement la réputation et la fortune. Suivant une autre version, plusieurs fois répé-

(1) N° du 25 novembre 1858.

tée, ce serait un moine venu d'un couvent des îles de Lérins qui aurait apporté à Moustiers le *secret* de la faïence.

Je viens de montrer que, dès 1686, Pierre Clérissy prenait le titre de *Maître faïencier*; faut-il aussi faire observer que la fabrication de la faïence n'était nullement un *secret* à cette époque, ni en France ni dans la plupart des autres pays?

Chez nous, les fabriques de Nevers étaient à l'apogée de leur prospérité ; on en peut dire autant de celles de Rouen, où dès le temps de François Ier on faisait de la faïence, comme le prouvent ces deux inscriptions :

A *Rouen*, 1540. — A *Rouen*, 1542.

qu'on lit sur des carreaux représentant des sujets de la fable, et qui proviennent du pavage des salles du château d'Écouen (1). Cent ans après, Nicolas Poi-

(2) Ces carreaux appartiennent à S. A. R. Monseigneur le duc d'Aumale. Peut-être faut-il également attribuer à Rouen de très-beaux carreaux de faïence incrustés en mastic de couleur qui ornaient encore, il n'y a pas vingt-cinq ans, le sol d'une des chapelles latérales de la belle église de Gisors (Eure), et qui ont pu être enlevés en totalité, — fait à peine croyable, — pour passer, dit-on, en Angleterre. Ces carreaux, dont plusieurs ont été reproduits en couleur dans les *Monuments français inédits* de MM. Willemin et André Pottier, sont les uns hexagones, les autres

rel, sieur de Grandval, arrivait à Rouen, porteur d'un privilége de cinquante ans pour la fabrication de la faïence dans toute la province ; en 1673 arrivait un autre fabricant, muni d'un nouveau privilége, Louis Potherat, sieur de Saint-Etienne. C'est vers cette époque que commençait à Rouen la fabrication de ces grands plats à décor rayonnant, si riches de couleurs, et si recherchés aujourd'hui.

En Italie, bien que les traditions du grand siècle fussent bien dégénérées, certaines fabriques brillaient d'un très-grand éclat, si ce n'est au point de vue de l'art, du moins sous le rapport industriel : Savone et Castelli envoyaient partout leurs faïences, et Sienne imitait ces dernières à s'y méprendre. Naples, Venise, Milan, Pavie, Pesaro, Urbino et beaucoup d'autres villes avaient également leurs fabriques.

La Hollande avait ses nombreuses faïenceries de Delft, si connues qu'il suffit de les citer ; l'Allemagne avait aussi les siennes, qui attendent leur historien, et en Espagne nous pourrions citer celles du royaume de Valence, de Talavera, et beaucoup d'autres encore (2).

carrés, et offrent des médaillons renfermant des bustes de guerriers et de Diane, des griffons, mascarons, arabesques, etc., dans le style du temps de Henri II. Le dessin est en bleu foncé sur un fond rosé, bleu clair ou blanc jaunâtre.

(1) Voyez *Histoire des faïences hispano-moresques*, par M. J. C. Davillier. Paris, Victor Didron, 1861, in-8°.

Laissons donc de côté les fables qui veulent faire de procédés connus partout un prétendu *secret céramique*. Où Clérissy avait-il appris son métier de faïencier? C'est ce que nous ignorons, aucun document n'a pu nous l'apprendre. Ce qui est certain, c'est qu'il sut profiter, pour fonder son usine, de circonstances tout à fait favorables.

En effet, les déclarations somptuaires restreignant l'usage de l'argenterie se succédaient, et forçaient les familles à chercher pour l'ornement et l'usage de leurs tables une matière moins précieuse. Le 31 mars 1672, Louis XIV ordonna qu'il fût levé trente sols par once d'or et vingt sols par marc d'argent sur les pièces fabriquées par les orfèvres, telles que buires, sceaux, cuvettes, corbeilles, urnes et autres vases servant d'ornement de buffet. Deux ans après, ce droit était doublé.

Le 3 décembre 1689 fut publiée une déclaration plus sévère encore. « Le roy, lisons-nous dans le *Journal du marquis de Dangeau*, veut que dans son royaume on fasse fondre et porter à la Monnaye toute l'argenterie qui servait dans les chambres, comme miroirs, chenets, girandoles et toutes sortes de vases, et, pour en donner l'exemple, il fait fondre toute sa belle argenterie, malgré la richesse du travail. »

Dans un inventaire déposé aux archives impériales, et publié à la suite du *Journal de Dangeau*, on constate la destruction d'un très-grand nombre de pièces d'argenterie, parmi lesquelles figurent des *nefs*, *bassins*, *aiguières*, *plateaux*, *salières*, *écritoires*, *etc.*

Dans le préambule de la déclaration somptuaire du 14 décembre 1689, le roi expose que « tous les particuliers, sans avoir égard à la bienséance et à leur condition, se sont donné la licence non-seulement d'avoir en abondance toute sorte de vaisselle d'argent d'un poids excessif, et même embarrassant pour le service des tables, mais encore de faire faire toutes sortes de meubles et d'ustensiles d'argent inutiles... » Suit la liste des objets qu'il est défendu non-seulement de fabriquer, mais de posséder : on défend jusqu'aux *carafons*, *marmites et tourtières*. Comme sanction, Louis XIV frappe d'une amende de 600 livres toute personne qui garderait chez elle quelque objet prohibé, la destruction de ces objets devant avoir lieu dans le courant de janvier 1690(1).

On comprendra facilement que des arrêts de ce genre durent ralentir singulièrement la fabrication des pièces d'orfévrerie, et, par suite, donner un essor considérable à celle de la *faïence*, qui se prêtait également à toutes les élégances de la forme, à toutes les délicatesses de l'ornementation.

(1) Legrand d'Aussy, dans son *Histoire de la vie privée des Français*, cite encore des ordonnances postérieures ; on trouvera des détails plus étendus sur le même sujet dans un excellent article publié par M. Paul Mantz (*Gazette des beaux-arts*, t. X).

L'usage de la faïence allait donc devenir plus répandu que jamais; on vit même, peu de temps après, naître une industrie inconnue jusqu'alors, celle des raccommodeurs de faïence. Je prie les amateurs qui me liront d'excuser ce qu'il y peut avoir de trop vulgaire dans les détails qui vont suivre; mon excuse sera de les avoir empruntés à un livre aussi sérieux que l'ouvrage déjà cité de Legrand d'Aussy.

« C'est vers le commencement du XVIIIe siècle qu'on a trouvé à Paris le moyen de tirer encore parti d'une faïence cassée, en recousant les fragments avec des fils d'archal. Cette invention, dont certains de mes lecteurs trouveront ridicule que je fasse ici mention, mais que, malgré son peu d'importance, je crois devoir citer néanmoins, parce qu'elle est un objet d'économie, est due à un nommé Delile, du village de Montjoie, en basse Normandie. Appelé et employé, pour son talent, dans la plupart des cuisines, son exemple tourna plusieurs gens de sa sorte vers cette petite branche d'industrie. Les faïenciers, à la vente desquels ils nuisaient, voulurent la leur interdire, et ils leur intentèrent un procès; mais l'inique avidité des marchands succomba, et la profession des *raccommodeurs de faïence* fut déclarée libre (1). »

(1) Qu'on me permette encore un rapprochement : un auteur du XVIe siècle, Jean des Caurres, donne, dans ses *OEuvres morales*, publiées en 1583, au chapitre des *Enseigne-*

On me reprochera peut-être de m'être étendu outre mesure sur certains détails : je tenais à montrer l'importance extraordinaire que prit, vers la fin du XVIIIe siècle, la fabrication de la faïence, et combien le moment choisi par le premier faïencier de Moustiers était opportun.

ments divers de nature, la recette suivante : « La glaire d'œuf bien battue et meslée avec chaux vive soude le verre rompu et assemble tellement les pièces d'un pot cassé, qu'elles tiennent fermement, et ne se peuvent désassembler, à cause de sa glutineuse ténacité : car, au moyen que la chaux meslée avec toute liqueur, quelle qu'elle soit, s'endurcit en pierre, plus fort encore elle s'endurcit si elle est détrempée avec glaire d'œuf, laquelle est de soy visqueuse comme glus. »

. Quand l'usage de la porcelaine commença à être répandu, on vit aussi paraître des gens qui firent métier de la réparer. Voici ce qu'on lit dans le *Mercure de France* de novembre 1724 :

« On nous prie de donner avis que le sieur Pastre, demeurant à Amsterdam, vis-à-vis l'église neuve, a tellement perfectionné le secret de faire de la porcelaine de papier, que la blancheur du vernis et la finesse de la peinture surpassent la plus belle vieille porcelaine du Japon. Il raccommode aussi la véritable porcelaine cassée, et y ajoute même de nouvelles pièces sans qu'il y paraisse. »

IV

Mort de Pierre Clérissy en 1728. — Son successeur porte les
mêmes noms que lui. — Il est anobli vers 1743. — Il
s'associe Fouque et lui cède sa fabrique. — La famille Fouque
exploite cette fabrique jusqu'en 1850.

On a vu que la fabrique fondée à Moustiers par
Pierre Clérissy remontait au moins à 1686 ; à partir
de cette époque on voit son nom apparaître assez
souvent dans les archives de la ville : le 6 octobre 1697 il figure comme témoin d'un baptême, et
le 31 décembre 1701 comme témoin d'une naissance ;
le 16 avril 1703 a lieu le mariage de Pierre Bagaril
avec Anne Clérissy, fille de Pierre Clérissy, *marchand
faïencier*, etc. Enfin, à la date du 25 août 1728, nous
trouvons son extrait mortuaire, d'après lequel il était
âgé de 76 ans. Ce document porte vers l'année 1652
l'époque de la naissance du doyen des faïenciers de
Moustiers : il avait donc environ 34 ans quand il fonda sa fabrique, et il la dirigea pendant 42 ans.

Maintenant que des documents d'une authenticité incontestable nous ont montré les principales phases de la carrière de Pierre Clérissy, je dirai, avant d'examiner quels furent ses travaux , quelques mots sur celui qui lui succéda.

C'est encore dans les archives de Moustiers que j'irai chercher ces renseignements. On a rapporté, d'après des traditions recueillies dans le pays, qu'un des fabricants de Moustiers, du nom de Clérissy, après avoir acquis une fortune immense, fut anobli et reçut le titre de baron. Je dois faire remarquer ici qu'on a fait confusion entre deux personnages qui ont porté le nom de Clérissy : celui dont nous venons de voir l'acte de décès en 1728, et son successeur, qui portait également le prénom de Pierre.

Ce dernier était-il le fils du fondateur de la fabrique? C'est une question qu'il me sera facile de résoudre en rapportant un acte daté du 26 mars 1704, lequel constate le baptème de *Pierre Clérissy*, fils d'*Antoine Clérissy* (1). Aucun acte ne m'a appris quelle était la profession de ce dernier, non plus que son degré de parenté avec le vieux Pierre Clérissy; mais il est permis de supposer avec quelque

(1) On a vu précédemment qu'en 1641 un potier du nom d'Antoine Cléricy fonda au château de Fontainebleau une fabrique de verreries et de terre sigillée; il ne peut être le même que celui qui eut un fils en 1704 : il y a donc toute apparence que Pierre Clérissy était le petit-fils d'Antoine Clérissy, qui alla travailler à Fontainebleau.

vraisemblance qu'il devait être son frère. Pierre
Clérissy eut un fils en 1690 ; l'ayant perdu fort jeune,
il dut choisir pour successeur son neveu, qui portait
le même nom et le même prénom que lui.

Un fait certain, c'est que ce dernier était déjà anobli en 1743, car je transcris à cette date l'acte de
de baptême de Marie-Augustine-Magdeleine Clérissy,
fille de *Pierre Clérissy, seigneur de Trévans.*

MM. Albert Jacquemart et Edmond Le Blant, dans
le travail que j'ai déjà cité, parlent du vieux Cléricy (1), « parvenu à l'apogée de sa gloire sous Louis
XIV, enrichi rapidement, et récompensé de ses services industriels par le titre de baron... »

Je crois inutile de relever cette erreur, puisqu'on
vient de voir par ce qui précède que ce n'est pas le
vieux Clérissy, mort en 1728, mais bien Clérissy,
deuxième du nom, né en 1704, qui, après avoir
gagné une fortune considérable dans la fabrique fondée par son prédécesseur, fut anobli par Louis XV
vers 1743.

Il reste maintenant à examiner jusqu'à quelle époque le second Pierre Clérissy exploita sa fabrique.
M. Fouque, fabricant de porcelaine à Toulouse, et
dont les ancêtres ont pendant longtemps exercé à

(1) Ce nom est toujours écrit Clérissy dans les actes conservés à la Mairie de Moustiers. Je puis donc en établir
avec certitude la véritable orthographe, confirmée, du
reste, par l'inscription du plat peint par G. Viry, que j'ai
mentionné précédemment.

Moustiers la profession de faïencier, a écrit à ce
sujet à M. Riocreux une lettre fort intéressante, que
le savant conservateur de Sèvres a bien voulu me
communiquer.

« Le comte de Trévans, dit l'auteur de la lettre,
s'associa Joseph Fouque, mon aïeul, qui était un habile décorateur, et finit par lui céder sa fabrique. »

M. Fouque ne saurait préciser la date exacte de
cette cession; cependant il ajoute qu'elle eut lieu
entre 1740 et 1750. Or, si on rapproche ce renseignement d'un passage de l'armorial de Provence
d'Artefeuil (1), qui fait connaître que « Pierre Clérici, seigneur de Trévans et de Saint-Martin d'Ali-
gnos, fut pourvu, le 11 août 1747, d'un office de se-
crétairerie du roi en chancellerie près le parlement
de Provence », il sera tout naturel de présumer que
c'est vers cette même année 1747 que, pourvu de sa
nouvelle charge, il céda sa manufacture (2).

Les armes octroyées à Pierre Clérissy se trouvent aussi figurées dans le *Dictionnaire de la noblesse* de Lachenaye Desbois (3) : il portàit d'argent,
à trois pinceaux (ou molettes) de sable, deux et un ;
au chef d'azur, chargé d'un soleil d'or.

---

(1) *Histoire héroïque et universelle de la noblesse de Provence.*
Avignon, 1776, in-4°.

(2) M. l'Abbé Féraud assure qu'il occupait alors vingt-
deux peintres dans ses ateliers.

(3) Paris, 1772, in-4°.

La même lettre de M. Fouque fait connaître que la manufacture exploitée successivement par les Clérissy et par Joseph et Gaspard Fouque, ses ancêtres, appartenait encore à ces derniers en 1780, et que, jusqu'à l'année 1850, elle fut occupée sans interruption par des membres de sa famille.

V

Les produits de Moustiers vers la fin du XVIIe siècle. — Gaspard Viry. — Jean-Baptiste Viry. — Ils copient les compositions de Frans Floris, Ant. Tempesta et autres peintres de la fin du XVIe siècle. — Ces faïences faussement attribuées à Marseille.

Après avoir établi les faits qui concernent les premiers fabricants de Moustiers, je vais essayer de classer leurs produits par ordre de date.

Le grand plat ovale que j'ai décrit plus haut, et dont j'ai reproduit l'inscription en fac-simile, me servira de point de départ.

On se rappelle que ce beau plat porte la signature de G. Viry : j'ai donc cherché ce nom parmi les actes conservés à Moustiers, et j'ai trouvé, à la date de 1698, Gaspard Viry, peintre, figurant comme témoin d'un mariage ; l'année suivante, au 2 septembre, je trouve l'acte de naissance de Marguerite Viry, fille de Gaspard Viry, peintre. Son nom reparaît encore à divers intervalles.

Gaspard Viry travaillait donc chez Pierre Clérissy dès la fin du XVIIe siècle : le plat que j'ai décrit est la seule pièce sur laquelle j'aie jamais vu sa signature ; il est évident qu'il n'avait pas l'habitude de signer ses ouvrages, et s'il a mis son nom sur la pièce en question, c'est sans doute parce qu'il aura été extrêmement satisfait du résultat de son travail. Je possède beaucoup d'autres pièces qui sont évidemment de la même main, et dont les sujets représentent également des chasses d'après les gravures d'Antoine Tempesta : quelquefois les compositions de ce maître sont copiées avec la plus grande exactitude ; d'autres fois le peintre provençal les a modifiées, soit en ajoutant à l'original des détails de son invention, soit en retranchant quelques parties.

Je dois également faire mention d'un autre peintre du même nom qui travaillait à Moustiers vers la même époque : j'ai trouvé, à la date du 2 février 1706, l'acte de naissance du fils de Jean-Baptiste Viry, *peintre faillancier* (sic). Je n'ai jamais vu aucune pièce portant la signature de ce peintre : il était probablement le père de Gaspard Viry, et dut aussi travailler d'après Tempesta, qui était en si grande vogue à cette époque. Ce qui donne du poids à cette supposition, c'est que, parmi les grandes pièces peintes en camaïeu bleu d'après ce maître, on remarque des différences de main très-notables.

Comme ce genre de peinture fut usité pendant

un temps assez long, je signalerai les pièces que je
considère comme les plus anciennes : ce sont d'abord
les plats que je viens de décrire, et dont la bordure
est ornée de griffons, de têtes de lion, d'enroule-
ments et de mascarons d'un style sévère. Quelquefois le centre de ces plats offre, au lieu d'un sujet,
un large écusson armorié, orné de supports et de
cimiers comme on en voit dans le *Recueil d'emblèmes
de Verrien*, et dans des ouvrages plus rares et moins
connus, le *Livre de chiffres* et le *Livre de différents
cartouches* de Charles Mavelot. Ces ouvrages, qui
parurent en 1685, eurent alors une très-grande
vogue, et servirent, pendant plus d'un demi-siècle,
de modèle aux peintres faïenciers et à divers autres
artisans.

Outre les grands plats ronds ou ovales, je dois
citer encore quelques pièces importantes qu'on
peut considérer comme types des premiers produits
de Pierre Clérissy. Ce sont d'abord deux vases,
dont la forme est empruntée aux porcelaines de
l'extrême orient : la panse, très renflée, est ornée
d'un côté de sujets mythologiques, et de l'autre côté
de sujets champêtres ; l'un des vases représente
Hercule terrassant l'hydre de Lerne ; sur l'autre on
voit le héros, vainqueur de Diomède, livrant ce roi
de Thrace en pâture à ses propres chevaux. Le
dessin, d'une habileté remarquable, reproduit des
compositions empruntées à Frans Floris, et rend
avec une grande exactitude l'anatomie et les

raccourcis quelque peu exagérés de ce peintre (1).

Sur l'autre côté de la panse on voit des sujets champêtres avec des personnages vêtus de ces costumes antiques comme on les comprenait à l'époque de Louis XIV ; ces sujets paraissent plutôt des compositions des peintres locaux que des emprunts faits à la gravure. Le piédouche et le couvercle sont décorés d'ornements qui rappellent ceux des porcelaines du Japon à peinture bleue. Une particularité qu'il faut noter, c'est que certaines parties ont été laissées en blanc, et qu'on les a peintes et dorées à froid, comme on faisait autrefois pour certaines faïences de Perse.

Citons encore, comme pièce d'une exécution remarquable, un grand vase à couvercle de forme analogue, dont la panse offre d'un côté un des sujets champêtres dont je viens de parler, et de l'autre le Christ et ses disciples dans la barque pendant la tempête, composition qui rappelle beaucoup la manière de Martin de Vos.

Je mentionnerai aussi des bassins ovales de très-grande dimension supportés par des pieds en forme de griffes de lion, et ornés de têtes de lion en relief

____

(1) Frans Floris, que ses compatriotes ont surnommé avec un peu d'emphase le *Raphael flamand*, naquit à Anvers en 1520, et mourut en 1570. Parmi les suites gravées d'après lui, celle des douze travaux d'Hercule est une des plus communes. Le Musée du Louvre ne possède aucun tableau de ce peintre.

formant mascarons. Ces bassins, qui servaient à
faire rafraîchir le vin, sont très-profonds et à bords
droits; l'extérieur est orné d'arabesques imitant
très-librement celles des porcelaines orientales, et
le fond est occupé par un grand sujet, souvent
d'après Tempesta, représentant soit une chasse,
soit un sujet biblique, comme par exemple la guéri-
son de Naaman par le prophète Elisée (1).

Il faut encore ranger parmi les plus anciennes
faïences du vieux Pierre Clérissy certains plateaux
à bords droits découpés à jour, dont le contour est
formé de pluseurs lobes alternant avec autant d'angles
aigus. Au centre s'élève un ombilic ou bourrelet
rond peint en bleu; l'intérieur est couvert d'ornements également en bleu; quelquefois une armoirie
se mêle à l'ornementation. Ces plateaux, qu'on ne
rencontre qu'assez rarement, sont la reproduction
identique, quant à la forme seulement, des plateaux
en terre brune d'Avignon. Il en existe des spécimens
dans la collection du Louvre.

Si j'ajoute à cette énumération quelques pièces
moins importantes, telles que des vases de phar-
macie dont les anses sont formées par des serpents
enroulés, de grands vases de jardin décorés en bleu
dans le style rouennais, des fontaines rondes éle-
vées sur piédouche, des hanaps, encriers et autres
menus objets, j'aurai passé en revue les faïences

(1) *Rois*, liv. II, chap. V.

qu'on peut attribuer aux premiers temps de la fabrique de Moustiers.

Les peintures de ces faïences sont d'un beau bleu, ordinairement assez intense, sauf dans les seconds plans des sujets, où il est d'un ton plus adouci; les contours sont quelquefois légèrement indiqués en violet de manganèse.

L'émail, quoique d'ordinaire fort beau et très-uni, est souvent d'un aspect légèrement bleuâtre, et n'offre pas le blanc si pur, tantôt laiteux, tantôt rosé, qu'on remarque dans les faïences de la seconde période.

Comme je l'ai déjà dit plus haut, les anciennes faïences de Pierre Clérissy ne portent ni marques ni signatures : aussi M. A. Mortreuil a-t-il pu, en l'absence de documents, tomber dans l'erreur que j'ai signalée, en attribuant à Marseille, dans sa notice sur les anciennes industries marseillaises, les faïences de Moustiers dont on vient de lire la description.

MM. Albert Jacquemart et Edmond Le Blant sont tombés dans la même erreur en décrivant comme une faïence de Marseille un plat du musée de Sèvres semblable à ceux que j'ai mentionnés plus haut.

« Au centre, disent-ils, un sujet en camaïeu représente des guerriers antiques attaquant des animaux féroces. La scène, puisée dans les cartons des

maîtres flamands de la décadence (1), a pourtant
une certaine grandeur, et annonce chez ceux qui
l'ont peinte une science supérieure à celle des faïenciers ordinaires. Nous considérons comme sorti du
même atelier le plat ovale de la collection de M. le
baron de Monville, où nous voyons Vénus au bain
au milieu d'un splendide paysage, et entourée d'a-
mours qui se jouent dans ses draperies. La hardiesse
du dessin, la sûreté du modelé, la *maestria* du fond,
spirituellement touché dans le feuillé, dépassent
tout ce que nous connaissons en peinture céramique
de la même époque. »

« Nous allons expliquer maintenant, ajoutent les
mêmes auteurs, pourquoi nous attribuons ces ouvrages importants à Marseille plutôt qu'aux autres
établissements méridionaux..... »

Or, cette explication est basée elle-même sur une
erreur, erreur qui a fait prendre à MM. Jacquemart
et Le Blant pour des spécimens des premiers travaux de Clérissy ceux qui datent de l'époque de la
Régence, et qui, postérieurs d'au moins trente ans
à la fondation de sa fabrique, caractérisent la seconde période des faïences de Moustiers, c'est-à-dire
celles ornées de baldaquins, gaînes, cariatides, lambrequins, etc., et sur lesquelles je reviendrai tout
à l'heure.

(1) Elle est empruntée à une gravure d'Ant. Tempesta,
peintre et graveur florentin.

Au surplus, je crois inutile d'insister à ce sujet, puisque la signature du plat de Gaspard Viry, rapprochée de l'acte authentique concernant ce peintre, a déjà résolu péremptoirement la question, en rendant superflue toute discussion.

VI

Les faïences de Moustiers de la seconde période. — Le style
  Bérain est en vogue jusqu'au milieu du XVIIIe siècle. — Les
  chiffres et écussons d'après Charles Mavelot, Verrien, etc.
  — J. Bernard Toro et Bernard Picart.

Je crois avoir suffisamment déterminé la nature
des plus anciennes faïences fabriquées à Moustiers,
et je passerai maintenant à celles, beaucoup moins
rares et beaucoup plus connues des amateurs, qui
caractérisent la seconde période de cette fabrique.

Je veux parler des pièces décorées également en
camaïeu bleu, dans le style des Bérain et d'André-
Charles Boulle. Ces ornements, qui rappellent de
loin les élégantes compositions d'Androuet du Cer-
ceau, sont peints avec une délicatesse extraordinaire, et je prouverai que leur vogue fut si grande,
qu'elle se prolongea pendant un demi-siècle.

Tous les amateurs connaissent ces gracieux entre-
lacs au milieu desquels se jouent des amours, des
satyres et des nymphes; des figures terminées en
gaines soutiennent des guirlandes de fleurs qui s'é-

chappent de la bouche d'un mascaron, ou les pentes qui tombent d'un baldaquin; souvent des sphinx, avec ou sans ailes, posés sur une console d'où pend une draperie, servent de soutien ou de couronnement à la composition. Les rinceaux les plus délicats s'entre-croisent capricieusement, et servent d'encadrement à un fond strié, piqueté ou quadrillé, offrant des rosaces, des croix, des losanges ou d'autres ornements empruntés aux porcelaines de l'extrême Orient. Des pots à feu alternent avec des vases de fleurs ; des jets d'eau s'élancent d'un bassin, et des monstres laissent échapper de leur gueule béante des flots qui retombent dans une vasque soutenue par des amours ou par des satyres, et au milieu de laquelle trône une Vénus marine s'appuyant sur un dauphin, ou un amour en Neptune, le trident à la main.

Les personnages les plus connus de la mythologie figurent au milieu de ces ingénieuses fantaisies : parfois le centre est occupé par un sujet composé de plusieurs figures, comme par exemple Orphée charmant les animaux au son de sa lyre, ou le ballet d'Ajax, rappelant tout à fait la suite de ballets de Versailles dessinés par Bérain. Un des sujets qu'on remarque le plus souvent, c'est Apollon jouant de la lyre, et Diane en costume de théâtre, une aigrette coquettement posée sur le sommet de la tête.

Quelquefois le peintre faïencier, abandonnant pour un instant la mythologie, a simplement représenté

des personnages avec des costumes de l'époque,
tels que des femmes à la taille élancée, ou quelque
bourgeois, sa longue canne à la main, comme on en
voit dans les gravures de Sébastien Le Clerc.

Assez souvent aussi, la milieu de la composition
est orné d'un écusson d'armoirie, ou d'un de ces
chiffres entrelacés empruntés à Verrien, à Charles
Mavelot ou aux Bérain.

Comme je l'ai dit, les faïences en bleu que je viens
de décrire sont celles qui se rencontrent le plus fréquemment. Voyons maintenant à quelle époque on
dut commencer à employer ce genre de décoration
dans les ateliers de Moustiers.

On sait que c'est dans les compositions des Bérain
que les peintres faïenciers puisèrent le plus souvent
leurs inspirations. Jean Bérain, né en 1630, mourut
en 1697. Son fils, qui portait également le prénom
de Jean, se livra particulièrement au dessin des arabesques, et les gravures de ce genre qui sont datées
peuvent se ranger entre les années 1700 et 1710.
C'est donc vers cette époque qu'il faut chercher la
naissance de ce genre d'ornementation, qui fut si
généralement adopté au temps de la Régence.

Cependant, comme Moustiers, situé presque au
pied des contre-forts des Alpes, à l'autre extrémité
de la France, se trouvait tout à fait en dehors du
mouvement artistique de Paris, il est naturel de supposer que les compositions en vogue dans la capitale ne devaient pénétrer que relativement fort tard

dans cette humble petite ville ; c'est sans doute par la même raison que le style de Bérain y était encore à la mode à une époque où, à Paris et dans la plupart des provinces, il était déjà abandonné depuis nombre d'années : c'est un fait qu'il me sera facile de prouver.

Je possède une suite très-intéressante d'anciens dessins à l'usage des peintres faïenciers de Moustiers, suite que je dois à l'obligeance d'un de mes amis, M. J. Gaze de Tavernes, descendant de faïenciers provençaux : ces dessins, retrouvés par lui dans des anciens papiers de famille, sont piqués, au moyen d'une aiguille très fine, de trous presque imperceptibles : on appliquait la feuille de papier sur la pièce de faïence qu'on voulait décorer, et au moyen d'un petit sachet de toile claire garni de charbon en poudre, qu'on passait sur tous les endroits piqués, on reproduisait le dessin dans ses moindres détails. Nous connaissons donc le procédé employé par les peintres de Moustiers pour décorer leurs faïences : c'est celui du poncis (1).

Parmi ces poncis, au nombre d'environ quatre-vingts, on reconnaît la plupart des genres qui ont été en vogue dans les faïenceries de la Haute-Provence : ornements à cariatides, baldaquins, sujets mythologiques, scènes champêtres et pastorales, écussons

(1) On pourra voir plusieurs de ces poncis au Musée de Sèvres.

d'armoiries, bouquets de fleurs, oiseaux, caricatures,
Chinois de fantaisie, etc. Plusieurs de ces poncis,
de style Bérain, portent des dates : il y en a de 1742,
de 1743, et même de 1756 ; et ces dates sont on ne
peut plus authentiques, puisqu'elles se lisent dans
le filigrane, c'est-à-dire dans la pâte même du papier.
Ce genre d'ornements était donc encore usité à Moustiers en 1756, et peut-être même quelques années
plus tard. J'ai vu chez M. Miallet, marchand de curiosités à Paris, deux plaques très-intéressantes dont
l'une est signée : *G. Hyacinth. Rossetus fecit* 1732.

Parmi les premières pièces ornées dans le style Bérain, on peut placer les grands plats représentant des
chasses d'après Tempesta, sur la bordure desquels
le décor dit à lambrequins remplace les mascarons
de style plus sévère que j'ai décrits ; citons ensuite
certaines faïences où figure Apollon, ou bien le Soleil, allusion à la fameuse devise *Nec pluribus impar* :
ce sont ordinairement des pièces de grande dimension et d'une exécution soignée, telles que plats,
vasques gigantesques, fontaines, etc.

Vers la fin du XVIIe siècle, on voit surgir un artiste provençal dont les compositions exercèrent une
certaine influence sur les ouvrages des peintres de
Moustiers : je veux parler de Bernard Toro (1),
sculpteur du roi, dont les compositions offrent un
remarquable mérite d'invention.

(1) J. Bernard Toro, dessinateur et maître sculpteur des
vaisseaux du roi au port de Toulon, a composé des des-

Parmi les autres artistes auxquels empruntèrent les peintres faïenciers, il faut encore citer Bernard Picard : les élégantes compositions qui servent d'encadrements aux sujets de son *Temple des Muses*, publié en 1733, se retrouvent quelquefois sur les faïences peintes en camaïeu bleu ; quelque temps après on voit apparaître les ornements de style rocaille ; mais le décor Bérain n'est pas abandonné pour cela, puisqu'en 1756, comme on s'en souvient, il n'avait pas encore complétement cessé d'être employé.

sins très-remarquables, qui ont été reproduits par divers graveurs ; on peut voir de ses travaux dans plusieurs villes du Midi et à Paris. Il a sculpté le marbre, la pierre et le bois. J. Bernard Toro mourut à Toulon en 1731, âgé d'environ soixante ans. Un recueil, excellent du reste, l'*Art pour tous*, a commis, au sujet de cet artiste, quelques erreurs que je crois utile de rectifier. Il le dit Italien, tandis qu'il était Français ; il en fait un graveur, et il n'est pas prouvé qu'il ait gravé ; il le fait venir en France à l'époque de Marie de Médicis, c'est-à-dire soixante ou soixante-dix ans avant l'année où il naquit ; il dit enfin qu'il avait choisi Paris pour résidence, et il passa la plus grande partie de sa vie dans le Midi de la France. M. le docteur Pons, d'Aix en Provence, a donné sur cet artiste, dans les *Archives de l'Art français*, publiées par M. Anatole de Montaiglon (tome VI, page 273), une excellente notice, accompagnée des documents les plus authentiques.

VII

Pol Roux, maitre faïencier à Moustiers en 1727. — Un vase
aux armes du Régent. — La fabrique de Pierre Clérissy,
deuxième du nom, a-t-elle produit des faïences polychromes?
— Quelques noms de peintres.

Outre les faïences en camaïeu bleu dont on vient
de lire la description, on rencontre quelquefois certaines pièces, ordinairement de grande dimension,
également peintes en bleu, mais qu'on ne peut confondre avec les premières. Ces pièces, qui se distinguent facilement des autres par le mode d'appli-
cation du bleu, reproduisent ordinairement avec une
fidélité assez remarquable les peintures et les formes des porcelaines du Japon décorées en bleu.

MM. Albert Jacquemart et Edmond Le Blant ont
très-exactement décrit ces faïences, qu'ils consi-
dèrent à tort, — du moins j'essayerai de le démon-
trer, — comme contemporaines des premiers travaux de Pierre Clérissy.

« Souvent épaisse, presque toujours godronnée ou séparée en compartiments réguliers sur les bords, cette poterie est peinte en cobalt pâle, rendu plus tendre, plus *flou*, par l'effet du travail chimique qui a fait bouillonner le bleu en le parsemant de bulles blanches à peine perceptibles à l'œil nu. Le vernis est d'ailleurs si bien glacé, qu'on oublie ce léger défaut pour admirer un ensemble éclatant, vitreux comme celui de la porcelaine. L'artiste était évidemment mû par le désir de se rapprocher autant que possible de la vaisselle translucide nouvellement importée du Céleste-Empire, car quelques-unes de ces pièces sont entièrement à dessins chinois, et presque toutes les autres portent des rinceaux, des mosaïques ou des losanges de même origine. »

« Le plus riche spécimen de cette faïence provençale est un plat de la collection de Sèvres, orné des armes de Colbert : il remonte donc à une date antérieure à 1696, époque de la mort de ce ministre. »

Je ferai ici deux observations : d'abord ce n'est pas en 1696, mais en 1683, que mourut le grand Colbert ; ensuite rien ne prouve que le plat du musée de Sèvres ait été fait pour lui : trois personnages de la famille furent également ministres, et moururent après lui ; le dernier, J.-B. Colbert, marquis de Torcy, mourut en 1746.

Du reste, ces détails n'ont que peu d'importance : ce qui me paraît hors de doute, c'est que les faïences en question doivent être attribuées à Moustiers ; j'en ai plusieurs fois remarqué dans le midi de la France, et dernièrement un de mes amis, qui habite la Provence, m'a envoyé deux vases de ce genre où la forme et le décor des porcelaines bleues du Japon sont très-exactement imités.

L'absence de toute marque ne permet guère d'attribuer ces pièces à un fabricant plutôt qu'à un autre ; cependant je rapporterai ici la mention d'un certain *Pol Roux* qu'un acte des archives de Moustiers montre comme établi *maître* faïencier dans cette ville en 1727. Les faïences en question ne seraient elles pas sorties de ses ateliers ? Un fait certain, c'est que la pièce de ce genre la plus importante, comme dimension, que je puisse signaler, a dû être faite sous la Régence, c'est-à-dire à une époque coïncidant à la date ci-dessus. Cette pièce, qui faisait partie de de la collection C. de V., vendue en janvier 1862, était décrite comme suit dans le catalogue, qui l'attribuait à tort à la fabrique de Nevers : « Grand et beau vase, décor en camaïeu bleu, aux armes de la famille d'Orléans, avec l'anagramme du Régent et de grandes fleurs de lys disséminées dans la décoration (1). »

(1) Solomé, dans son *Histoire de Moustiers*, cite parmi les hommes remarquables originaires de cette ville un certain Arlot, médecin de la mère du Régent. Des commandes ont pu être faites à Moustiers par son entremise.

J'ajouterai que la plupart des faïences de cette fabrique que j'ai pu observer offraient de grandes armoiries, dont les pièces principales étaient reproduites dans les différentes parties de la décoration.

J'ai dit que les faïences de Moustiers en camaïeu bleu ne portaient pas de marques ; quelquefois cependant on remarque une lettre au revers d'une pièce, mais si rarement qu'on doit plutôt la considérer comme une signature de peintre que comme une marque de fabrique. Je donne cependant ici le *fac-simile* de quelques-unes de ces lettres :

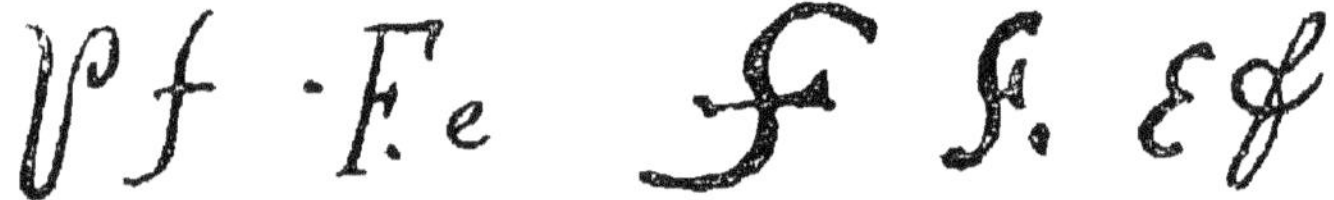

Peut-être l'F tracée cursivement serait-elle l'initiale de Fouque, le successeur des Clérissy ?

Une jolie soupière armoriée, du musée de Sèvres, ornée d'arabesques très-finement peintes, offre cette marque en bleu :

que j'ai vue sur quelques autres pièces avec l'F majuscule ; on pourrait l'attribuer à un fabricant nommé Féraud, dont on verra le nom dans la liste des faïenciers de Moustiers que je donnerai plus loin. Mais, je le répète, ces monogrammes ne se rencontrent qu'exceptionnellement ; j'ajouterai cependant les marques suivantes :

M.C.   M·C·A 1756·J.A   S

Quant à ces grands plats, si beaux d'émail, si richement ornés en bleu dans le style Bérain, si parfaits de réussite malgré leur dimension, qui approche quelquefois de soixante-dix centimètres, il faut sans hésiter les attribuer aux Clérissy, de même que les grandes fontaines et les vasques gigantesques portant un décor analogue ; de très-belles pièces de ce genre, que je dois à l'extrême obligeance de l'un des descendants de ces grands faïenciers, ne me laissent pas le moindre doute à cet égard.

La fabrique des Clérissy, après avoir obtenu tant de succès avec les camaïeux bleus, a-t-elle aussi produit des faïences polychromes ? Bien que, faute de preuves, on ne puisse pas l'affirmer, le fait est très-vraisemblable. C'est probablement à ces ateliers qu'il faut attribuer quelques pièces décorées en style Bérain avec une rare perfection, et dans lesquelles, à côté du bleu, qui domine, on voit plusieurs autres couleurs sobrement employées. Comme spécimen très-remarquable de ce genre, je citerai une fontaine avec son support, de la collection de M. A. Le Véel : ces pièces sont signées *Cros* et *Soliva*. Je citerai encore plusieurs petites plaques ovales, de la collection de M. Édouard Pascal, ornées de sujets mythologiques, où se retrouvent les

mêmes signatures, celle de *Miguel Vilax*, et les
initiales *c. a.*

J'ai vu à une vente publique, il y a trois ans, deux
très-beaux plateaux à bords contournés, richement
décorés, en couleurs variées, d'animaux chimériques, de singes, de sirènes et d'Amours soutenant
des corbeilles de fleurs ; au centre, un écusson armorié était surmonté d'une couronne de comte ; au
revers on lisait la signature *Fo. Grangel*, sans doute
un nom de décorateur, comme ceux que je viens
de citer. Voici les fac-simile de ces signatures :

Soliua   Miguel Vilax   ca

F o   Grangel   CROS

C'est sans doute un service de ce genre qui, si on
en croit la tradition, fut commandé à la fabrique de
Clérissy vers 1745 par madame de Pompadour, et
qui s'éleva, dit-on, au chiffre de dix mille livres.
Cette tradition est confirmée par M. l'abbé Féraud
dans son excellente *Histoire des Basses-Alpes* (1),
et il ajoute que le service en question était en faïence
de diverses couleurs.

(1) *Digne*, 1861, in-8°.

VIII

Joseph Olery, maître faïencier en 1745. — Ses faïences souvent
  marquées. — On copie à Moustiers le décor polychrome de
  Rouen, après avoir copié le camaïeu bleu. — Les principaux
  produits d'Olery. — Une faïence peinte à l'occasion de la
  bataille de Fontenoy.

Les succès extraordinaires du vieux Pierre Clérissy devaient nécessairement lui attirer des concur-
rents : aussi avons-nous vu que, dès 1727, c'est-à-
dire un an avant la mort du grand fabricant, un nommé *Pol Roux* était établi à Moustiers en qualité de
maître faïencier. Pierre Clérissy, deuxième du nom,
dont le succès et la fortune surpassèrent encore,
comme je l'ai montré, ceux de son prédécesseur, devait également voir s'élever à côté de lui des rivali-
tés redoutables. C'est précisément vers l'époque où,
anobli par Louis XV, il était arrivé à l'apogée de sa
fortune, que nous voyons apparaître un nouveau fabricant, *Joseph Olery*, lequel devait lui-même acquérir une grande réputation et une fortune considérable, qu'il ne sut pas conserver.

C'est à l'année 1745 que je vois le nom de *Joseph Olery* figurer pour la première fois sur les registres conservés à Moustiers. A la date du 1er juin de cette même année figure l'acte de décès de *Marie Olery,* fille de *Joseph Olery, maître fabriquant en fayence.* On a prétendu qu'il était originaire d'Italie. Je n'ai pu trouver aucune pièce qui m'apprît sa nationalité; mais je ferai observer que son nom est d'une apparence bien plus provençale qu'italienne.

Rien n'est plus facile que de reconnaître les faïences de Joseph Olery, car elles portent presque toujours sa marque, qui consiste en un O traversé par un L; c'est cette marque que j'ai déjà donnée, en faisant observer qu'on l'attribuait à tort, il y a quelques années, à la fabrique de Rouen. Ces lettres sont les deux premières de son nom, et sont presque toujours accompagnées d'une autre lettre, quelquefois de deux, qu'il faut considérer comme les initiales du décorateur.

Tout porte à croire qu'on n'a peint que très-rarement, dans les ateliers d'Olery, les faïences en camaïeu bleu; j'en ai aperçu quelques échantillons, mais en si petit nombre qu'il ne faut les citer que comme des exceptions. Voici les marques que j'ai relevées sur une pièce en bleu :

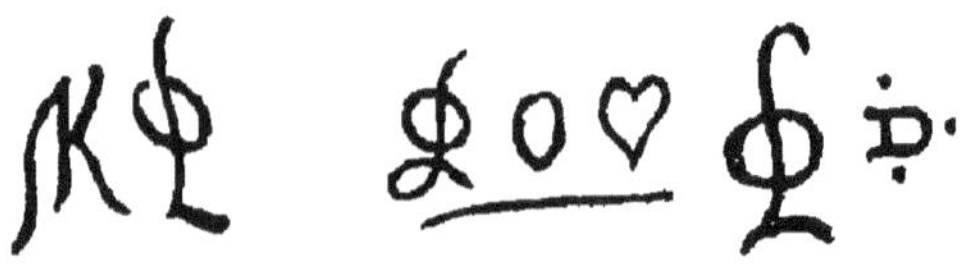

Il est très-problable que, Pierre Clérissy pratiquant principalement ce genre de décoration, son nouveau concurrent, lui-même habile décorateur, voulut essayer, comme élément de succès, d'introduire un décor nouveau dans ses ateliers.

Cependant, on peut supposer qu'il commença par concilier les deux genres, comme le montrent diverses pièces portant les marques suivantes,

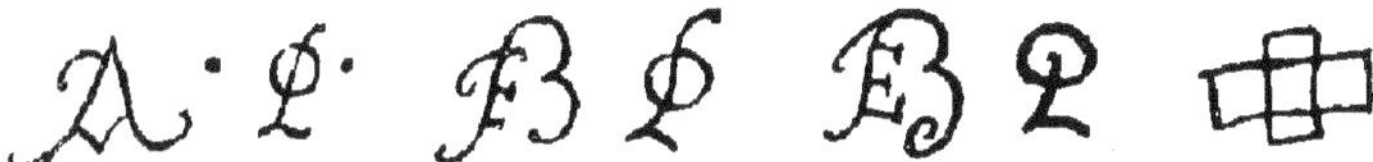

et dans lesquelles le bleu, qui domine, est accompagné de quelques couleurs, telles que le brun, le jaune, le vert et le violet; ces pièces ne manquent pas d'analogie avec celles que j'ai attribuées dans le chapitre précédent à la fabrique de Clérissy, et qui portent les signatures de Grangel, Cros, Soliva, Miguel Vilax. Je n'ai que rarement vu des faïences peintes dans le style Bérain portant la marque d'Olery; quoi qu'il en soit, on peut supposer que, pendant quelque temps du moins, les deux fabriques rivales produisirent le même genre.

Je dois parler ici de quelques rares spécimens de faïence de Moustiers sur lesquels le décor rouennais, fidèlement imité, se trouve à côté du décor provençal. La pièce la plus remarquable que je puisse citer est un charmant pot à eau accompagné de sa cuvette, d'une forme très-élégante, qui appartenait à feu M. le Marquis de Lagoy, d'une très-ancienne famille de Provence. Les couleurs employées sont le bleu, le jaune, le vert et le rouge ; cette dernière couleur a presque toujours fait creux dans l'émail.

Cette pièce offre, au premier abord, tout l'aspect d'une faïence de Rouen ; mais la beauté de l'émail, la pureté du bleu, l'aisance avec laquelle sont dessinés un Jupiter, des cariatides et un couple de danseurs, empêchent que l'erreur soit de longue durée. J'ai encore remarqué quelques spécimens offrant le même décor, tels que plateaux, hanaps, écuelles à oreilles, etc. A laquelle des fabriques de Moustiers faut-il attribuer ces curieuses faïences ? Est-ce à celle d'Olery ? En l'absence de toute marque, je n'oserai répondre affirmativement ; seulement je noterai une particularité digne de remarque, c'est que ces spécimens de Moustiers sont les seuls sur lesquels se trouve la couleur rouge.

Quant aux faïences portant la marque d'Olery, on ne finirait pas si on voulait les passer toutes en revue ; je me bornerai à citer les plus importantes.

Je mentionnerai d'abord des écuelles à oreilles plates, des pots à eau, bassins, plats, plateaux, sucriers et autres pièces de petite dimension ; puis de grandes fontaines accompagnées de leur support et de leur bassin. Ces faïences sont ornées de guirlandes de fleurs et de fruits très-finement peints, servant d'encadrement tantôt à des sujets mythologiques, tantôt à des médaillons renfermant des Amours, des bustes de déesses ou de guerriers, des oiseaux, etc.

On remarque dans ces peintures le bleu, le jaune, le
brun, le noir et le violet de manganèse, ainsi que le
vert obtenu par le mélange du jaune avec le bleu.
Elles sont souvent accompagnées des marques suivantes :

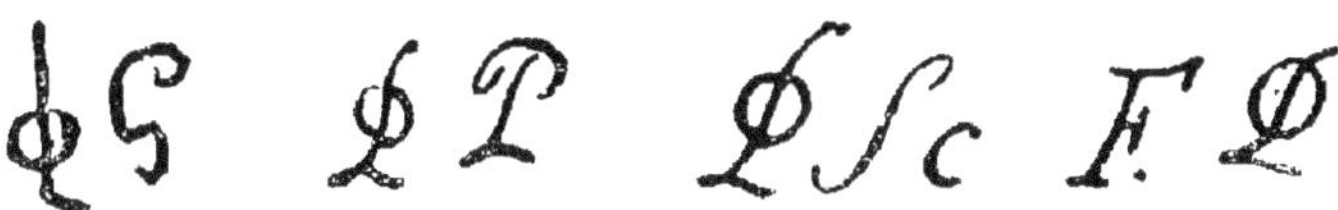

Certaines de ces pièces sont d'une délicatesse
d'exécution qui approche de ce qu'on a fait de plus
fin en porcelaine; j'en pourrais citer dont la riche
monture en argent ciselé témoigne du prix qu'on y
attachait autrefois. Voici deux monogrammes que
j'ai vus sur des assiettes d'une finesse extraordinaire :

$$P.F. \qquad F\cdot P$$

Un des spécimens les plus curieux, que je crois
devoir décrire particulièrement, a été fait à l'occasion de la bataille de Fontenoy. On sait quel en-
thousiasme excita cette victoire; les brochures, les
poëmes, etc., qui la célébrèrent en 1746, se comp-
tent par douzaines. Les décorateurs de Moustiers
voulurent aussi la célébrer à leur manière, comme
le montrent certaines pièces où est répété le mot
victoire, et un très-beau bassin représentant le *char
de la Victoire*. La pièce que je veux décrire n'est,

à la vérité, qu'un simple plat à barbe ; mais on va voir qu'elle n'est pas moins intéressante, soit comme se rattachant à un grand fait historique, soit comme exemple d'une très-grande richesse de décoration, soit enfin parce que, d'après la signature qu'elle porte, elle a été sans doute peinte par Olery lui-même.

Le fond du plat est occupé par un sujet encadré de guirlandes de fleurs, au milieu desquelles se jouent de nombreux Amours ; au centre on voit la Victoire, une palme à la main, couronnée par quatre Amours qui portent une banderole sur laquelle se lit l'inscription : *Victoria ;* cette Victoire est entourée de sirènes portées par des dauphins et tenant à la main des couronnes et des drapeaux ; sur l'un de ces drapeaux on lit : *Ludovicum sequitur* (la Victoire suit le roi Louis) ; et sur l'autre : *Cum Ludovico delecta-tio*, allusion au surnom de *bien-aimé* que Louis XV venait de recevoir, après la maladie qui faillit l'enlever.

La bordure est ornée, au sommet, de trois captifs enchaînés au pied d'une pyramide ; des bustes, des trophées et des guirlandes alternent avec des Amours, les uns sonnant la victoire ou brandissant des chaînes, tandis que d'autres agitent des drapeaux fleur-delysés portant le mot *Pax*.

Cette composition laisse, il est vrai, à désirer sous plus d'un rapport, comme la plupart des faïences analogues, qui, après tout, ne sont que l'expression d'un art inférieur; mais il faut dire que, comme dans presque toutes les faïences polychromes de Moustiers, elle n'est empruntée à aucune gravure, et a du moins le mérite de l'originalité. D'un autre côté, un émail brillant et laiteux, la richesse et la variété des couleurs, concourent à racheter en partie l'imperfection du dessin.

Voici le monogramme qui se voit au revers :

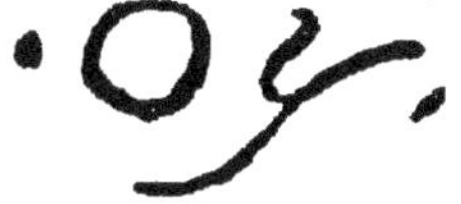

Comme on y retrouve la première et la dernière lettre du nom d'Olery, il y a tout lieu de croire que ce plat a été peint par lui-même.

IX

Après avoir passé en revue les produits les plus remarquables de Joseph Olery, il me reste à dire quelques mots de certaines faïences de ce fabricant, d'un genre moins fin assurément, mais tout à fait particulier, et qu'on rencontre assez fréquemment. Je veux parler de ces plats, assiettes, écuelles, fontaines, vases, etc., ornés de grotesques ou de caricatures, tantôt en vert mélangé de noir, tantôt en vert et jaune, quelquefois aussi en camaïeu. Ces caricatures ne sont que rarement empruntées aux gravures de Callot; le plus souvent, ce sont des fantaisies dues à l'imagination des peintres de Moustiers. Quelquefois ils ont représenté des hommes à oreilles d'âne jouant de la trompe avec leur nez, auquel ils ont donné la forme de cet instrument; ou bien on voit un âne habillé qui joue des timbales ou du vio-

lon, tandis qu'un autre âne, abrité sous un parasol
que lui tient un page, gratte avec ses pieds les cordes
d'une harpe ou d'une longue mandoline. Des singes,
affublés de costumes ridicules, montent des animaux
impossibles; des chats jouent de la contre-basse, tandis que des guerriers bossus, le casque en tête et le
bouclier à la main, percent de leur lance des oiseaux
chimériques; ou bien encore un sanglier déchiffre
une partition, et au-dessous le peintre a écrit :
L'Orphée de ce siècle. Assez souvent on voit des moines
encapuchonnés figurer au milieu de ces singulières
inventions, ce qui n'a rien de surprenant, car Moustiers, comme l'indique son nom, avait un monastère
depuis plusieurs siècles, et il était tout naturel que
les peintres du pays eussent l'idée de reproduire les
moines qu'ils avaient à chaque instant sous les yeux.
Voici quelques marques relevées sur des faïences de
ce genre :

Quelquefois le monogramme d'Olery se lit en caractères microscopiques sur un bouclier, sur un dra-
peau, etc., et il n'est pas rare de voir aussi sur quelques accessoires des inscriptions, telles que : *Vive
la paix! — Vive la guerre!* Ces mots équivalent à
une date, car ils font allusion à des faits que relate
l'histoire locale, et que je vais rapporter. La perte

de la bataille de Plaisance, en 1746, ayant forcé les Français à repasser le Var, les Autrichiens, qui avaient alors les Sardes pour alliés, envahirent la haute Provence et arrivèrent devant Moustiers. Les habitants se défendirent avec courage, et plusieurs combats eurent lieu devant les portes ; mais ils durent céder au nombre, et l'ennemi entra le 26 décembre dans la ville, dont il sortit le 29 du même mois, après avoir levé une contribution de guerre. Le souvenir de ces événements s'est perpétué parmi les habitants, et cette année est encore désignée sous le nom de l'*année des pandours* (1).

Tout porte à croire que le décor à grotesques fut employé chez Olery concurremment avec celui des faïences plus élégantes et plus soignées que j'ai décrites précédemment. Du reste, dès le milieu du XVIIIe siècle, un assez grand nombre de fabricants, encouragés sans doute par la prospérité des usines de Clérissy et d'Olery, étaient venus s'établir à côté d'eux : en 1756, on en comptait déjà sept ou huit. Ce fait nous est révélé par un manuscrit de Jean Solomé, prêtre bénéficier, natif de Moustiers, écrit en juillet 1756 (2).

« Il y avait autrefois à Moustiers, dit-il dans un

____

(1) M. l'abbé Féraud, dans sa savante *Histoire des Basses-Alpes*, donne des détails beaucoup plus étendus sur les événements dont la petite ville de Moustiers fut le théâtre.

(2) Ce manuscrit a été imprimé à Digne, 1842, in-12.

français un peu risqué, plusieurs fabriques de poterie commune, ou grossière vaisselle de terre. Aujourd'hui, on y compte sept ou huit fabriques de
faïence qui est en grande réputation ; elles occupent
beaucoup d'ouvriers, tant pour la peinture que pour
la moulure, et pour bien d'attraits nécessaires. »

Il est regrettable que l'auteur, qui s'étend assez
longuement sur l'histoire de sa ville natale, ne nous
ait pas donné de détails plus étendus sur la fabrication de la faïence ; néanmoins nous savons, par d'autres écrivains, que les fabriques de Moustiers ne
cessèrent pas de prospérer jusqu'à l'époque de la révolution de 1789 ; leur nombre alla en croissant et
s'éleva jusqu'à onze. Mais il faut dire que, si la pro-
duction augmenta, la valeur artistique des produits
baissa dans la même proportion : quoique l'émail
n'eût guère perdu de sa pureté, le dessin était lâché,
et devint de jour en jour plus vulgaire. J'ai relevé les
monogrammes suivants sur des pièces postérieures
à Olery, et décorées de bouquets de fleurs et guirlandes polychromes :

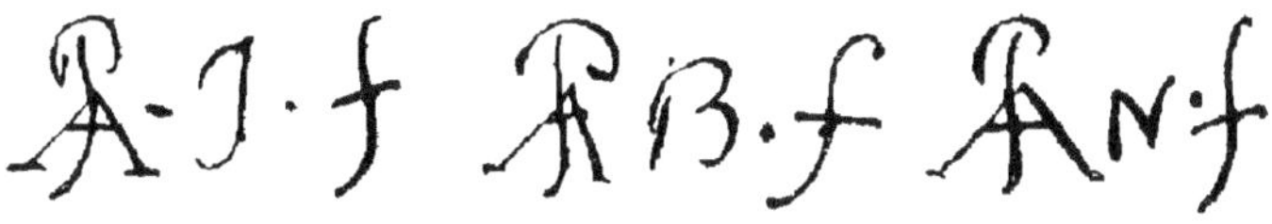

Je ne saurais dire à quel fabricant appartiennent
ces marques.

Une gourde, ornée de guirlandes de fleurs en couleurs variées, porte autour de la panse l'inscription

suivante, avec la date de 1775, qui montre l'époque
où ce genre de décor était en vogue :

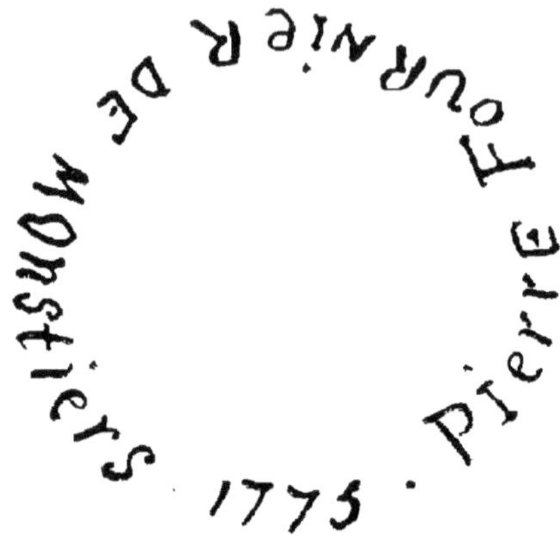

Depuis longtemps les fabriques établies à Varages
faisaient, comme je le montrerai bientôt, une rude
guerre aux fabricants de Moustiers, obligés par la
concurrence à faire du bon marché quand même.

Olery n'existait plus. Il m'a été impossible de
trouver une pièce indiquant l'année de son décès ;
mais, suivant la tradition répandue dans le pays, il
mourut fou, et dans un état voisin de la misère. Soit
par inconduite, soit pour toute autre cause, Olery
ne sut donc pas, comme Pierre Clérissy, laisser une
fortune à ses enfants ; aussi voyons-nous, par un acte
du 27 pluviôse an III (16 février 1795), que son fils
mourut simple *peintre en faïence* (1).

(1) L'acte de décès porte : *Joseph Olery, peintre en faïence,
fils de Joseph et de Catherine Olery.*

X

Un prix proposé en 1780, par l'Académie de Marseille, pour le
meilleur mémoire sur la faïence et la porcelaine provençales.
— Un mémoire anonyme.

C'est maintenant le moment de parler d'un mémoire anonyme sur la faïence, que j'ai mentionné
dans le chapitre Ier, et dont une copie se trouve in-
sérée dans les œuvres manuscrites de Calvet. Il en
existe un exemplaire à la bibliothèque de Marseille,
et un autre à celle d'Avignon, sous le titre de *Sp.
Cl. Fr. Calvet opera manuscripta* (1). Les lignes qui
suivent, extraites du tome V, page 164, indiquent
l'origine du mémoire reproduit : « Ce mémoire ayant
été présenté à l'Académie en 1792, elle chargea

(1) Esprit-Claude-François Calvet, médecin, littérateur
et antiquaire, fondateur du Musée d'Avignon qui porte
son nom, né dans cette ville en 1728, y mourut en 1810.
— Ses œuvres comprennent les sujets les plus divers ; la
partie de son manuscrit qui m'a paru offrir le plus d'intérêt traite des dégradations que certaines œuvres d'art
eurent à souffrir à l'époque de la Révolution.

M. Vidal, M. Tollon et moi d'en faire un examen
analytique, dont le résultat serait lu à la première
séance. Je consentis à tenir la plume, sur la prière
de ces messieurs, qui se bornèrent à signer. Le prix
n'a pas été adjugé, et l'auteur de cet ouvrage ne
s'est pas fait connaître. »

Il est probable que c'est par erreur que Calvet
assigne à ce mémoire la date de 1792 : M. Lautard,
dans son *Histoire de l'Académie de Marseille* (1),
donne l'énumération des prix proposés pour chaque
année ; or le prix en question est indiqué pour l'année 1789. Quoi qu'il en soit, voici le texte exact du
programme, qu'on ne lira pas sans intérêt :

« Énumérer les terres de la Provence propres à
fabriquer de la porcelaine, de la faïence, et les diverses espèces de poteries usitées dans le pays ; désigner les lieux où elles se trouvent; indiquer les
moyens d'établir des manufactures de ce genre qui
puissent soutenir la concurrence avec celles de l'é-
tranger, autant sous le rapport de l'élégance des formes que sous celui des qualités et du prix de leurs
produits. »

Voici en quels termes s'exprime l'auteur du mémoire :

« La fabrication de la faïence, en Provence, a
commencé à Moustiers; mais il ne s'y faisait d'abord
que de la poterie grossière. L'un des fabricants éta-

(1) Marseille, 1829, in-8°, t. II, p. 445.

blis dans cette ville donna plus tard de la délicatesse à sa poterie et plus de blancheur à son vernis, qui pourtant était encore grisâtre. Un autre fabricant, dont le nom devint ensuite célèbre, profita des découvertes du premier, et, après bien des tentatives, il parvint à faire un vernis blanc et à donner à sa poterie des ornements en bleu, ce qui lui valut une grande réputation et un débit immense.

« Le gouvernement espagnol ayant connu toute l'importance de cette fabrication, le comte d'Arenda (*sic*), alors ministre, chargea ses agents à Marseille de faire tous leurs efforts pour engager les plus habiles ouvriers de Moustiers et de Marseille à se rendre à Denia, où il y avait des manufactures de poterie. Plusieurs de nos artistes, la plupart marseillais, se laissèrent gagner. Ils firent construire à Denia une nouvelle manufacture, des fourneaux, des moulins, et généralement tout ce qui leur était nécessaire ; mais, après qu'ils eurent déployé toute leur science et toute leur industrie à faire les pièces les plus hardies et les plus riches en ornements bleus, unique couleur qui fût alors connue en France, on les congédia.

« L'un deux avait l'esprit observateur ; il avait vu sur les poteries espagnoles de Denia des couleurs qui avaient attiré son attention : du jaune orange, du jaune citron, du vert bleu et du violet ; il parvint à en connaitre la composition, mais il oublia cette superbe couleur de cuivre de Corinthe, qui

était alors appliquée avec profusion sur cette vile
terraille, couleur que les plus habiles chimistes ont
cherchée vainement. Cette couleur admirable, plus
brillante que l'or, était sans doute le produit de
quelque minéral, car il n'est pas probable que des
hommes aussi grossiers que les potiers de Denia
l'eussent trouvée par le moyen de la chimie; ce minéral doit être perdu ou épuisé, puisqu'on ne voit
plus cette couleur sur la poterie.

« Olery, c'est le nom de l'artiste, retourna dans
sa patrie avec les connaissances qu'il avait acquises
à Denia, et ne balança pas à aller s'établir à Moustiers, où Clericy, ce fameux fabricant dont j'ai déjà
parlé, faisait les plus belles faïences et avançait rapidement sa fortune. Olery, au moyen des nouvelles
couleurs et des nouvelles formes dont il sut enrichir
sa faïence, ne tarda pas à surpasser Cléricy. Mais
Olery n'était ni prudent, ni économe, ni riche; ses
secrets furent bientôt connus; Cléricy s'en empara,
rétablit sa réputation, surpassa à son tour son
rival, et le fit rentrer dans la médiocrité, où il mourut.

« Les terres que l'on employait à la faïence de
Moustiers sont au quartier des Combes, à demi-lieue
de cette ville; ces terres sont extrêmement grasses
et on les emploie sans addition. La belle-mère du
propriétaire de ces terres ayant déclaré que ce ter-
rain lui avait été donné par les religieux Servites,
le département des Hautes-Alpes s'en est saisi.

« A trois quarts de lieue de Moustiers, au quartier de Marouel, on trouve une terre sablonneuse qui résiste au feu, et dont on se sert pour faire les étuis dans lesquels on renferme la faïence pour la cuire. On mêle aujourd'hui cette terre avec celle des Combes, qui y devient plus rare.

« Moustiers, pour la composition de son vernis, tire le sable d'Apt, le plomb, l'étain et le sel, des verreries de Marseille.

« Mais les fabricants de Moustiers, qui avaient autrefois un si grand débit de faïence, ne font plus rien aujourd'hui. Le traité de commerce entre l'Angleterre et la France, et les circonstances extérieures que je vais développer, en ont été la cause (1). »

On a vu que l'Académie de Marseille n'avait pas jugé à propos de décerner de prix : il n'y a guère lieu de s'en étonner, car l'auteur de ce mémoire ne nous donne que des renseignements très-vagues. Pourquoi ne nous apprend-il pas à quelle époque la fabrication de la faïence commença en Provence ? Pourquoi se borne-t-il à mentionner les noms de Clérissy et d'Olery ? On voit, du reste, qu'il n'avait pas une connaissance très-profonde de la partie techni-

(1) Les circonstances mentionnées par l'auteur du Mémoire se rapportent au succès d'un fabricant de Marseille, qu'il ne nomme pas ; succès si grand, dit-il, qu'il fit baisser les manufactures de Moustiers, de Marseille et du reste de la Provence.

que de son sujet ; on peut même supposer qu'il n'avait jamais examiné avec soin une pièce de faïence ancienne, puisqu'il affirme que le bleu était l'*unique couleur* qui fût alors connue en France.

Quant aux poteries espagnoles de Denia, dont parle l'auteur anonyme, j'avoue qu'elles me sont tout à fait inconnues, et que je n'en ai trouvé aucune mention chez les auteurs qui ont parlé des faïences du royaume de Valence, comme Ponz, Cabanilles, Madoz et autres, qui donnent des détails sur les fabriques de cette partie de l'Espagne, notamment sur Alcora, où l'on faisait la faïence et la porcelaine ; sur Manises, célèbre par ses poteries à reflets de cuivre, et sur plusieurs autres centres de fabrication que j'ai mentionnés dans une publication antérieure.

XI

Plaintes des faïenciers de Moustiers en 1773. — Noms des
fabricants. — Douze fabriques à la fois à Moustiers. — Les
faïences de la dernière période.

Les recherches auxquelles je me suis livré dans
les archives de Moustiers m'y ont fait découvrir,
outre les actes que j'ai rapportés concernant les fabricants et les peintres faïenciers, un document d'un
autre genre, et qu'on lira, j'espère, avec quelque
intérêt : je veux parler d'un mémoire contenant les
plaintes des fabricants de faïence de cette ville, et
qui fait partie d'un recueil intitulé : *Abrégé du cayer
des délibérations de l'assemblée générale des communautés du pays de Provence, convoquée à Lambesc, au
28 novembre 1773, etc.*

*Plaintes des fabricants de fayence de la ville
de Moustiers.*

..... « Ledit assesseur a dit que les fabricants de
fayence de la ville de Moustiers défèrent aujourd'hui
trois espèces de plaintes à la province.

5

« Ils se plaignent en premier lieu que, lorsqu'ils envoient leurs caisses de fayence en Languedoc ou dans quelque autre province, en passant par Marseille, le fermier exige que ces caisses soient déchargées sur le quay, et le même jour embarquées en présence de deux employés, sur un permis de sa part, qu'il portera au dos de l'acquit à caution ; autrement il répute les fayences étrangères, et les soumet à **28** livres de droits par quintal.

« En second lieu, les ordonnances permettent aux fabricants de fayence de prendre aux verreries le sel essentiellement nécessaire pour que l'émail soit bien blanc et soutienne la réputation des fayences de Moustiers ; ils s'étaient pourvus jusques aujourd'hui aux verreries de Marseille, en chargeant leurs mulets de sel, en retrait, sur un passeport du directeur des fermes. Le fabricant n'était obligé que de renvoyer un certificat de réception de la quantité de sel mentionnée dans le passe-avant.

« Aujourd'hui, le directeur fixe lui-même la quantité de sel, la réduit, et met les fabricants dans la nécessité d'économiser dans l'usage du sel de verrerie, d'y suppléer par du sel ordinaire, ou d'augmenter d'autant la consommation ; et quand on a voulu recourir au directeur des fermes, à Toulon, on a essuyé un refus sec et peu mérité.

« Ce nouvel obstacle paraît d'autant plus mal imaginé, que le sel des verreries n'est destiné qu'aux fabricants de fayence, et que, cet usage rempli, on

doit le submerger ; les fabricants de Moustiers crai-
gnent pour la réputation de leurs fayences, et pour
l'émail qui les a accréditées, s'ils ne peuvent pas y
employer la quantité de sel de verrerie qu'ils y ont
employée jusque aujourd'hui.

« La troisième plainte porte sur la perception des
droits, tant aux bureaux de sortie du royaume qu'à
ceux de circulation dans l'intérieur.

« C'est sur ces trois objets que les fabricants de
fayence demandent la protection de la province. »

Délibération.

« Sur quoi l'assemblée a chargé messieurs les pro-
cureurs du pays de prendre tous les renseignements
nécessaires sur tous les objets de plainte des fabricants de Moustiers, et de leur accorder la protection
de la province, s'ils les trouvent fondées. »

On peut voir par ces doléances combien l'industrie rencontrait d'obstacles à cette époque : chaque
province, entourée d'une ligne de douane, était isolée du reste de la France, comme s'il se fût agi d'un
pays étranger. Cependant, malgré tous les obstacles,
les fabricants de Moustiers ne cessèrent pas de jouir
d'une prospérité relative jusque vers l'époque de la
révolution.

Darluc, dans son *Histoire naturelle de Provence* (1),

(1) Avignon, 1782, in-8°.

nous apprend qu'à cette époque la population de Moustiers s'élevait à plus de 3,000 âmes, et que la fabrication y était encore tellement considérable, que le ruisseau, ou plutôt le torrent qui traverse la ville, faisait mouvoir plusieurs moulins qui servaient à triturer les métaux qu'on employait dans la composition de la faïence et de la poterie.

Cet auteur provençal, qui mérite toute créance, était docteur en médecine et professeur en l'université d'Aix ; je lui emprunte encore quelques détails techniques intéressants sur la fabrication de Moustiers :

« On trouve de bonnes argiles dans son terroir, et lorsqu'on creuse un peu profondément aux endroits désignés pour cela, on parvient à une argile si fine, si ductile, qu'elle est susceptible de prendre sur le tour toutes les formes qu'on veut : c'est ce qui a déterminé à lui donner la préférence dans les fabriques.

« La première argile qu'on mit d'abord en œuvre n'était qu'à la profondeur de six toises dans la terre ; mais elle absorbait par sa couleur le blanc de l'émail, comme disent les ouvriers, en empêchant la demi-vitrification de la couverture qu'on met à la fayence, laquelle doit être d'un blanc mat à demi transparent. On est parvenu, par des fouilles plus profondes, à découvrir de nouvelles couches d'argile qui n'altèrent plus la couleur de l'émail : la fayence qui en résulte est d'un blanc fort estimé ; on

ne cherche pas même à en relever l'éclat par la peinture. Les ouvriers font un secret de la manière dont
ils composent leur émail, mais les connaisseurs y
découvrent aisément le sablon d'Apt, dont j'ai parlé
ci-dessus, l'étain et la fritte des verreries, dont le
mélange proportionné est réduit à une demi-vitrification par l'action du feu, au point d'en recevoir un
beau blanc. Le sablon d'Apt a toutes les qualités re-
quises pour cela ; on le fait servir aux porcelaines
en d'autres endroits ; mais les argiles de Moustiers
ne sont pas encore assez vitrifiantes ; elles tiennent
un peu du calcaire, ce qui fait qu'elles ne sauraient
convenir à la bonne porcelaine. »

Quelques années plus tard, les produits de Moustiers jouissaient encore d'une assez grande réputation, si nous en croyons une description de la France
publiée à Paris en 1788, sous le titre du *Voyageur
français* (l'abbé Delaporte) :

« Il y a, dit l'auteur, dans la petite ville de Moustiers, une manufacture de faïence qui passe pour
être la plus belle et la plus fine du royaume. »

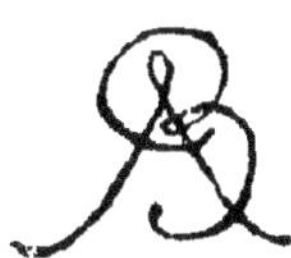

Cependant, si nous en jugeons par
les produits qui datent de l'époque de
Louis XVI (voici une marque relevée sur
une pièce polychrome datée de 1778),
la décoration était déjà en décadence à Moustiers ;
Darluc nous a appris que de son temps on ne cher-
chait même plus à relever le blanc de la faïence en
l'ornant de peintures.

Quoi qu'il en soit, le nombre des fabriques, qu'on a vu porté à sept ou huit par Jean Solomé, s'élevait à onze en 1789, d'après une notice publiée par M. le docteur Bondil, de Moustiers, descendant lui-même d'une famille de faïenciers (1).

Voici les noms des fabricants par ordre alphabétique :

Achard.	Guichard.
Berbiguier et Féraud.	Laugier et Chaix.
Bondil père et fils.	Mille.
Combon et Antelmy.	Pelloquin et Berge.
Ferrat frères.	Yecard et Féraud.
Fouque père et fils.	

M. l'abbé Féraud, dans l'histoire des Basses-Alpes que j'ai déjà citée, assure que le nombre des faïenciers s'était même élevé jusqu'à douze à la fois. Dans une lettre qu'il a eu l'obligeance de m'écrire, il me fait observer que tous les noms des fabricants n'ont pas été cités, et il mentionne les frères Thion comme ayant possédé une très-belle fabrique; il ajoute que les Fouque furent les derniers qui tentèrent de relever la fabrication de la faïence peinte. M. Fouque, de Toulouse, descendant de ces derniers, mentionne encore, dans une lettre à M. Riocreux, un fabricant nommé Barbaroux.

Quels sont les produits de ces différents faïenciers? Il est bien difficile de les classer; et après

____

(1) *Journal des Basses-Alpes*, n° du 25 novembre 1858.

tout, cette recherche ne serait que d'un intérêt tout
à fait secondaire, à cause de la vulgarité de ces
faïences. Quelques-unes, cependant, ont encore un
côté intéressant sous le rapport des mœurs, des
costumes, et même des poésies populaires, quand
par exemple elles offrent des vers d'une orthographe
et d'un style aussi naïfs que ceux-ci, que nous em-
pruntons à une assiette de la collection de M. Edouard
Pascal, représentant un sujet pastoral grossièrement
peint :

LE BERGER S'ADRESSE A SA BERGÈRE :

« Dessus la verte fougère,
En nous promenant nous deux,
J'ay vue ses yeux tout plein de feux.
Sytôt je prends ma musette ;
J'accorda mon instrument,
J'en joua gaillardement. »

LA BERGÈRE LUI RÉPOND :

« A dis moy donc, beau berger,
Qui t'a rendue sy adroit?
Ton instrument est sy adroit
Qu'il vencroit le plus rebelle ;
Va, quand tu auras besoin d'une Iris,
Tu na qua venir ici. »

Parmi les pièces appartenant à la dernière période de Moustiers je citerai encore pour mémoire
un de ces vases à anse et à bec qu'on appelle en
Provence des *gourgoulines* ; le décor consiste en

bouquets de fleurs assez maigres. Au revers se lit
la marque suivante, imprimée en violet au moyen

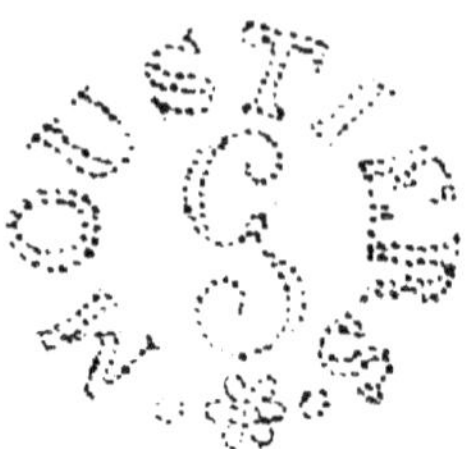

d'un poncis : le G qui se voit au milieu pourrait être
la première lettre du nom du fabricant Guichard,
qui figure dans la liste qu'on vient de voir.

Le souvenir de l'ancienne prospérité industrielle
de Moustiers est encore vivant chez les habitants du
pays : d'après des récits qui m'ont été faits par des
vieillards, qui se rappelaient le temps où de nombreuses files de mulets, venant de la Provence, du
Dauphiné, du Languedoc, attendaient leur charge-
ment à la porte des fabriques les plus renommées,
les faïences, dès la sortie du four, étaient emballées
encore chaudes, et expédiées dans toutes les direc-
tions.

La petite ville de Moustiers a bien perdu aujour-
d'hui de son ancienne activité (1) : elle n'a plus
que deux fabriques de faïence blanche ordinaire,

(1) Outre les faïenceries, Moustiers possédait dans le
siècle dernier cinq moulins à papier.

dont l'une appartient à M. E. Féraud, et l'autre à
MM. Jauffret et Mouton.

Le chiffre de sa population, qui avant 1789 dé-
passait 3,000 habitants, n'arrive pas aujourd'hui
à 1,300 !

A-t-on fait de la porcelaine à Moustiers? — Le fait est peu probable, malgré des passages de Piganiol de la Force et de
Gournay.

Je ne veux pas terminer cette étude sur les faïences de Moustiers sans dire quelques mots sur la
question de savoir si cette ville aurait également
produit de la porcelaine : ce point mérite assurément
qu'on s'y arrête, puisqu'il a déjà été examiné par les
savants auteurs de l'*Histoire de la porcelaine*.

Voici ce que disent à ce sujet MM. Albert Jacquemart et Edmond Le Blant :

« Dans son *Almanach des marchands, négociants
et armateurs*, Gournay mentionne, en 1785, la manufacture de « Claix, paroisse de France en Dauphiné, près de Marcellin; » il indique, en outre, que
la célèbre faïencerie de Moustiers aurait aussi produit de la porcelaine ; ces renseignements sont
répétés dans son *Almanach général du commerce
pour 1788*. Les écrits de cet avocat au Parlement
sont trop sérieux pour que nous en passions sous

silence les énonciations, si extraordinaires qu'elles nous paraissent. »

J'avoue que, malgré toute la créance qu'on peut accorder à Gournay, je crois que son énonciation est le résultat d'une fausse interprétation (1).

Il est vrai que, un demi-siècle environ auparavant, Piganiol de la Force, dans sa *Description historique et géographique de la France*, écrivait le passage suivant :

« Il y a à Moustiers une manufacture de faïence et de porcelaine assez estimée. »

Il reste à examiner s'il faut conclure de ce passage que l'auteur, en employant le mot de *porcelaine*, ait réellement voulu parler d'une poterie translucide.

Je ne le pense pas : car de son temps, chacun le sait, on se servait quelquefois de ce mot pour désigner une faïence fine, comme on le faisait dès le XVIe siècle, au rapport de Passeri, pour désigner une vaisselle de choix qui, bien que faite avec les mêmes matériaux que la faïence ordinaire, était plus fine, plus étudiée et plus élégante.

De plus, je ferai observer qu'à l'époque où écrivait Piganiol de la Force, la porcelaine tendre était la seule dont la fabrication fût connue et pratiquée

____

(1) Gournay fait quelques autres mentions qui méritent confirmation : ainsi, il parle de plusieurs fabriques de porcelaine à Saintes, au siècle dernier.

en France; on sait, en effet, que les premiers essais de porcelaine dure ne furent faits que bien des années après. Il faudrait donc admettre que l'auteur de la *Description de la France* a voulu parler d'une fabrique de porcelaine tendre, ce qui est inadmissible, car les usines de ce genre qui existaient alors chez nous sont parfaitement connues, et se trouvaient toutes dans le nord, ou du moins dans le centre de la France.

Si, d'un autre côté, on veut supposer que Gournay était dans le vrai en parlant d'une fabrique de porcelaine dure, je répondrai que l'existence de cette fabrique n'est guère plus vraisemblable, malgré l'argument qu'on pourrait tirer du voisinage de Marseille, où la fabrication de ce genre de porcelaine avait commencé plus de vingt ans avant l'année 1788, date à laquelle écrivait l'auteur en question.

Un argument bien meilleur contre le passage qu'on voudrait invoquer serait l'extrait du livre de Darluc que j'ai cité il y a un instant : il nous parle du sablon d'Apt qu'on emploie à Moustiers pour la faïence, en ajoutant qu'on le fait servir aux porcelaines *en d'autres endroits*.

N'est-il pas évident que ce savant, qui entre dans tant de détails sur les terres et sur leur emploi, nous aurait parlé de la fabrication des porcelaines, si elle avait existé dans cette ville?

Je demanderai enfin où sont les échantillons de cette prétendue fabrique dont je nie l'existence jus-

qu'à preuve contraire. Je crois tout simplement que
Gournay aura puisé son renseignement dans Piganiol
de la Force, en prenant pour de vraie porcelaine un
produit auquel cet écrivain donne en effet ce nom,
mais qui n'était autre qu'une véritable faïence.

XIII

Les faïenceries de Varages font concurrence à celles de Moustiers. — On en compte jusqu'à huit dans le siècle dernier. — Faïenceries à Tavernes, à Clermont-Ferrand, à Montpellier, à Nimes, à Martres, etc.

Le succès prodigieux et le débit considérable des faïences de Moustiers devaient faire naître dans le voisinage de cette ville des fabriques rivales. C'est à Varages, bourg situé à six ou sept lieues de Moustiers, que fut établie la première de ces fabriques (1).

Je ne saurais préciser l'époque où elle commença, mais il est certain que c'est antérieurement à l'année 1740 qu'elle fut fondée par un sieur Bertrand; elle existe encore aujourd'hui, et on la désigne toujours dans le pays sous le nom de fabrique de Saint-Jean, parce qu'elle fut construite sur l'emplacement d'une ancienne église dédiée à ce saint. C'est à l'obligeance de M. Bertrand, faïencier à Varages, dont

(1) Varages fait aujourd'hui partie de l'arrondissement de Brignoles, département du Var.

la famille n'a pas cessé d'exploiter cette usine, que
je dois la plupart des renseignements que je vais
donner sur cette localité.

Les fabriques étaient nombreuses à Varages dans
le siècle dernier, me dit M. Bertrand dans une de
ses lettres. Voici la liste des différents faïenciers.

> Bayol, dit Pin; plus tard Grégoire Richeline.
> Fabre; plus tard Bayol.
> Clérissy, qui eut pour successeur Grosdidier.
> Montagnac.
> Laurent; plus tard Guigou.

Ces cinq fabriques ont cessé d'exister depuis très-
longtemps; il en existait de plus, avant 1789, trois
autres appartenant au baron d'Oppède, et qui furent
exploitées par différents locataires; elles sont encore en activité aujourd'hui : l'une produit de la
faïence blanche à émail stannifère, et les deux autres de la terre de pipe.

Parmi les noms que je viens de citer, on a remarqué celui de Clérissy. Je n'ai pu savoir si le grand
fabricant de Moustiers était venu établir cette usine
dans le centre même où on lui faisait concurrence,
ou si elle fut établie par un membre de sa famille,
qui était très-nombreuse.

« Enfin, ajoute M. Bertrand, celle de Saint-Jean,
que j'exploite, et qui appartient à ma famille depuis
tant d'années. On y faisait, du temps de mes ancêtres, la peinture au réverbère, comme celle qui dé-

core la tasse et soucoupe que je vous ai offerte (1). »

La marque du pays, continue M. Bertrand, était ce signe tracé en noir, en bleu, etc., sous l'aile des plats et assiettes : on n'en a pas connu d'autre jusqu'au commencement de ce siècle, époque à laquelle on employa l'estampille.

On vient de voir combien les fabriques de Varages étaient nombreuses dans le siècle dernier ; d'après la tradition répandue dans le pays, elles étaient en rivalité constante avec celles de Moustiers, qui néanmoins conservaient toujours leur supériorité. Un ancien faïencier de Varages, âgé de plus de 80 ans, me disait que le plus important débouché des faïences *à la croix* était la fameuse foire de Beaucaire, mais qu'à côté de celles de Moustiers, elles avaient ordinairement le dessous.

En effet les faïences de Varages, en général grossièrement peintes, étaient le plus souvent des services destinés à l'usage des ménages modestes, et rarement des pièces d'apparat aussi grandes et aussi richement décorées que celles d'Olery, de Clérissy et des autres fabricants de Moustiers.

---

(1) On pourra voir au Musée de Sèvres cette faïence, que M. Bertrand a bien voulu m'offrir lorsque je visitai sa fabrique, et qui est le type de certains produits de Varages qui se rencontrent très-fréquemment. Le décor, qui rappelle beaucoup celui des faïences de Strasbourg, est dans le goût chinois du temps de Louis XV, et peint en vert de cuivre, rose et jaune : les contours sont tracés en noir.

Je puis cependant citer, comme des exceptions, quelques plateaux et une écuelle à oreilles plates, décorés en camaïeu bleu, dans le style Bérain. Je mentionnerai encore une autre écuelle de forme analogue, ornée de sujets mythologiques en bleu, et de guirlandes de fleurs polychromes d'une peinture très-fine. Sans la croix qui marque l'origine de ces pièces, on les prendrait assurément pour des faïences de Moustiers.

Cette croix, qu'on avait cru pouvoir attribuer aux fabriques de Marseille, comme allusion aux armes de cette ville, se retrouve sur une quantité innombrable de pièces de faïence, presque toujours des imitations de celles de Moustiers, c'est-à-dire décorées en camaïeu bleu, ou représentant des grotesques et caricatures comme la fabrique d'Olery en produisait tant.

Quelques années avant la révolution de 1789, les fabriques de Varages étaient encore en pleine activité : Darluc, dans son *Histoire naturelle de Provence*, s'exprime ainsi :

« Varages est un bourg considérable, où la population augmente par son commerce et ses fabriques de poterie et de faïence, auxquelles la qualité des argiles et de l'émail donne de la réputation. »

Quant à l'auteur du mémoire présenté sans succès à l'Académie de Marseille, et dont j'ai déjà cité un extrait, il ne dit rien de ces fabriques, « ni des autres qui existent encore en Provence, parce qu'elles ne sont pas assez considérables ni par leur commerce, ni par les connaissances de ceux qui les dirigent. »

Je ne pense pas qu'on ait employé à Varages d'autres marques que la croix ; j'ai bien vu quelquefois des pièces assez grossièrement peintes en bleu, sur lesquelles un V était ainsi tracé cursivement :

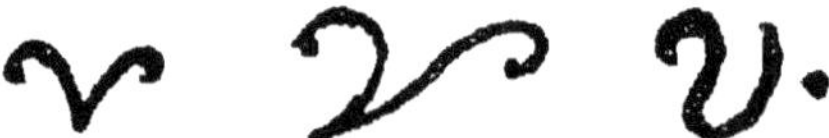

Mais elles ne se rencontrent pas assez fréquemment pour qu'on puisse prendre cette lettre pour l'initiale du nom de la fabrique, et il est plus probable que c'est le signe de quelque ouvrier.

FABRIQUE DE TAVERNES.

Ce bourg, qui fait partie du département du Var, n'est situé qu'à 6 kilomètres de Varages. Une fabrique y fut établie dans la seconde moitié du siècle dernier, par un faïencier du nom de Gaze. Je ne saurais déterminer l'époque exacte de sa fondation, mais une lettre de M. Bertrand, de Varages, m'a appris qu'elle avait cessé d'exister en 1780. Un de mes amis, M. J. Gaze, de Tavernes, descendant de ce faïencier et appartenant à une des familles les plus honorables du pays, a bien voulu me donner, comme un produit certain de cette fabrique, un plateau rond à bords contournés, que j'ai offert en son nom au

musée de Sèvres : ce plateau est orné de bouquets
de fleurs en bleu, et porte au revers un G majuscule, marque ordinaire de son aïeul. J'ai vu la même
marque tracée cursivement sur une tasse ornée de
guirlandes de fleurs.

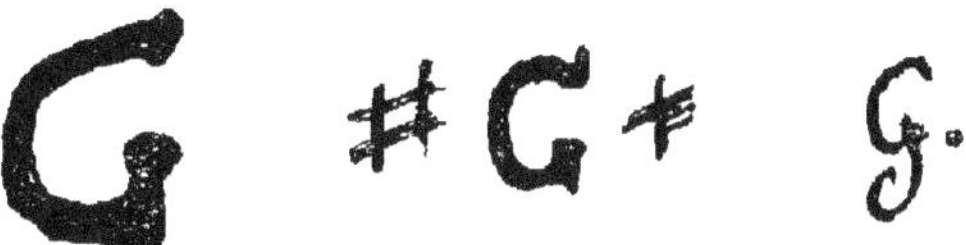

Les faïences de Tavernes ne sont, du reste, que
d'un intérêt secondaire : l'émail, d'un gris bleuâtre,
le bleu, qui manque d'éclat, les font ressembler aux
produits les plus ordinaires de Varages.

FABRIQUE DE CLERMONT-FERRAND.

Personne ne soupçonnait, il y a un an, l'existence
de cette fabrique ; elle fut révélée par une pièce
achetée chez un marchand de Paris par M. Ed. Pascal : c'est un hanap sur piédouche, décoré en camaïeu bleu dans le style Bérain, et qui offre, sous
tous les rapports, la plus grande analogie avec les
faïences de Moustiers. Sous le piédouche se lit cette
inscription :

Clermont-Ferrand,

1734.

J'ai vu une autre pièce de la même fabrique portant aussi une inscription intéressante. C'est un pot

à eau, également décoré en camaïeu bleu, et dans le
même style ; on voit sur la panse une armoirie. L'inscription suivante apprend pour qui il fut fait, et à
quelle occasion :

Convalescence de M. Rossignol, intendant d'Auvergne,
1738.

Je ne puis citer aucun document authentique sur
la fabrique de Clermont-Ferrand ; cependant j'ai
appris, par des personnes de cette ville tout à fait
dignes de foi, qu'elle était située dans la rue Font-
giève, et que le faïencier s'appelait Chaudessolle.
Quant à sa durée, je ne saurais la préciser ; seulement les deux dates que je viens de rapporter prouvent qu'elle fut au moins de quatre ans.

Plus tard, en 1763, un membre de la Société lit-
téraire de Clermont en Auvergne émit l'idée de
de fonder une faïencerie dans les environs de cette
ville. Voici à quelle occasion. Le membre en question, nommé Devernines, lut à une séance publique
de cette société un « Mémoire sur un vase antique
trouvé près Clermont (à Lezoux), et sur l'avantage
d'y fonder une manufacture de *belle fayance* » (1). Il

(1) Suivant M. Brongniart, des explorations postérieures faites par M. de Beaumesnil ont établi à n'en pas douter que cette localité fut un des plus grands centres de
fabrication des poteries gallo-romaines en terre rouge décorées d'ornements en relief.

termine ce mémoire en disant « qu'il serait très-utile
d'établir dans le même lieu une fabrique de *fayance* »,
et il exhorte ses compatriotes à « profiter de l'avantage qu'offrent les argiles de Lezoux ». Je ne sache
pas que ce projet ait été mis à exécution. Quant à
la fabrique de Clermont-Ferrand, je n'ai fait que la
signaler ; mais les curieux de cette ville qui voudront se livrer à quelques recherches trouveront,
sans aucun doute, des documents beaucoup plus
complets que ceux que j'ai pu obtenir.

FABRIQUE DE MONTPELLIER.

D'après un petit livre publié dans cette ville
en 1759 (1), il existait dans les faubourgs de cette
ville « *des manufactures d'une très-belle fayance* ». Là
se borne le renseignement donné par l'auteur. On
peut supposer qu'il a quelque peu exagéré la beauté
des faïences locales. M. A. Germain, dans les recherches qu'il a faites pour son excellente *Histoire
du commerce de Montpellier,* n'a rien rencontré à ce
sujet. « Je sais seulement, a-t-il eu l'obligeance de
m'écrire, que vers 1760 un certain Philip établit à
Montpellier une fabrique de faïence, et qu'il a eu
dans cette branche d'industrie deux successeurs,
l'un après l'autre. »

(1) Dominique Donat, avocat au Parlement : *Almanach
historique, etc., de la ville de Montpellier,* 1759, in-12.

Un de nos amateurs les plus distingués, M. Edouard Pascal, a bien voulu, de son côté, me fournir quelques renseignements. Une des petites-filles du faïencier André Philip, la dame Gervais, maintenant très-âgée, se rappelle avoir vu, dans ses premières années, les armoiries royales sur la porte de la manufacture. A la mort d'André Philip, ses deux fils, Antoine et Valentin Philip, continuèrent son industrie jusque vers 1820.

On a fait à Montpellier des imitations assez grossières des faïences polychromes de Moustiers et de Marseille; on y a aussi imité certaines faïences à fond jaune de cette dernière ville, avec des fleurs peintes en couleurs variées sur des parties blanches réservées.

M. Edouard Pascal a offert au musée de Sèvres des faïences de Montpellier qui viennent de chez les petits-fils ou arrière-petits-fils d'André Philip.

NIMES.

Suivant les traditions répandues dans cette ville, il y existait au siècle dernier une fabrique, dans une rue qui porte encore le nom de *rue de la Faïence*. M. Edouard Pascal, qui possède quelques pièces de cette fabrique, nous a cité une gourde portant une dédicace en vers patois, et décorée de fleurs, d'insectes, papillons, etc., dans le genre marseillais, qu'il a vue dans la famille du premier possesseur de l'objet, voisin et ami du faïencier.

Les autres pièces sont dans le genre de Moustiers et de Marseille, en couleurs variées, et d'un émail assez grossier. Je n'ai pu savoir le nom du fabricant.

MARTRES.

Parmi les faïences communes qu'on voit en Languedoc, et qui sont des imitations grossières de celles de Moustiers, une assez grande quantité ont été fabriquées à Martres, près de Saint-Gaudens (département de la Haute-Garonne). Une pièce signée, qui m'a été remise par un amateur distingué de Toulouse, M. Pujol, m'a permis de reconnaître les produits de cette fabrique : c'est une bouteille ornée de fleurs peintes en bleu, en jaune, en vert et en violet ; d'un côté, on lit l'inscription : *Marie-Thérèse Le Conte;* et de l'autre : *Faite à Martres le* 18 *septembre* 1775.

On continue à fabriquer de la faïence dans cette localité.

Il existait encore en Languedoc, dans le siècle dernier, d'autres fabriques de poterie et de faïence. A Anduze (Gard), on faisait et l'on fait encore aujourd'hui des vases de jardin d'une grande dimension en poterie vernissée : ils sont blancs, jaunâtres, marbrés de brun violacé, de verdâtre, etc.

Suivant M. Brongniart, on faisait dans l'Agenois, en faïence colorée, des vases de table ayant la forme et les couleurs de divers animaux, tels que lièvres, lapins, volailles, etc. Cette fabrication avait lieu au XVIIe siècle.

XIV

Ancienneté des arts céramiques en Provence. — La fabrique
d'A. Clérissy à Marseille en 1697. — Un plat signé de sa
main. — Analogie de ses faïences avec celles de Nevers.

La pratique des arts céramiques dans la partie
sud-est de la France remonte à des temps très-
reculés : les fragments de poterie qu'on a retirés du
sol de la vieille cité phocéenne, la prodigieuse quantité de restes analogues qu'on rencontre à Nîmes,
en donnent une preuve certaine. Les fabriques de
cette dernière ville approvisionnaient, suivant Cay-
lus, une grande partie des Gaules ; à Narbonne et
dans une quantité d'autres endroits, on a trouvé de
nombreux spécimens de poteries lustrées, consis-
tant en coupes, vases, etc., soit unis, soit avec
reliefs, ces derniers représentant des lutteurs, des
chasses, des rinceaux de feuillage, et autres ornements variés (1).

(1) On peut voir de ces poteries au Musée de Sèvres.

Suivant M. le comte de Villeneuve (1), on trouve partout en Provence des amas de briques et de tuiles romaines, qu'on appelle dans le pays *tolentins* ou *tuelantiqs*, c'est-à-dire tuiles antiques, et que la tradition attribue aux Sarrasins. C'est au XVe siècle, sous le roi René, que paraît avoir commencé dans le pays la fabrication des briques et tuiles vernissées dont on voit encore quelques échantillons dans le pays : elles ont la forme d'un hexagone allongé et sont ornées de fleurs coloriées ; il y en a de ce genre à la chapelle de Saint-Pierre, à Auriol, et dans plusieurs autres endroits de la Provence.

Pour arriver à la faïence proprement dite, il faut descendre à une époque beaucoup plus rapprochée de nous. C'est vers la fin du XVIe siècle que paraît avoir commencé la fabrication de ces faïences brunes, souvent très-élégantes de forme, qu'on attribue à Avignon ou au comtat Venaissin. Quant à la faïence à émail blanc, je montrerai bientôt que Marseille en produisit à la fin du XVIIe siècle, peu d'années après Moustiers.

M. A. Mortreuil, dans sa notice sur les anciennes industries marseillaises, dit que « le plus ancien faïencier dont le nom soit connu à Marseille est un nommé Jean Delaresse, établi dès 1709. A cette épo-

(2) *Statistique du département des Bouches-du-Rhône.* Marseille, 1828, in-8°.

que, la fabrication de la faïence ne devait pas avoir
un grand développement, puisque cette même année
deux barques venues de l'étranger, sans désigna-
tion spéciale de provenance, importaient à Marseille
huit mille douzaines de pièces de faïence. Mais, un
peu après le milieu du XVIIIe siècle, on comptait
douze fabriques de poterie en activité, dont neuf de
faïence émaillée. »

Avant d'examiner les produits de ces différentes
fabriques, je remonterai un peu plus haut, car une
heureuse circonstance m'a fait découvrir, il y a peu
de temps, à Marseille, une pièce des plus intéressantes, qui nous apprend d'une manière certaine
qu'une fabrique de faïence peinte existait dans cette
ville douze ans au moins avant 1709, date indiquée
par M. A. Mortreuil dans le passage que je viens de
citer.

La pièce dont je veux parler est un grand plat
rond, de soixante centimètres de diamètre, dont le
fond représente un des nombreux sujets de chasse
gravés par Ant. Tempesta : un lion est attaqué par
trois cavaliers, dont l'un, désarçonné, est déchiré
par l'animal, que les autres chasseurs s'efforcent de
percer de leur lance ; à gauche, dans le lointain, on
voit un quatrième cavalier qui prend la fuite. Le sujet est peint en camaïeu bleu, ainsi que la bordure
de style oriental qui lui sert d'encadrement, et les
ornements du marly composés de bouquets et d'oiseaux empruntés aux porcelaines de l'extrême

Orient, et qu'on voit si souvent sur les faïences nivernaises du XVIIe siècle.

Quant à l'exécution, bien qu'elle n'égale pas celle des sujets analogues traités à Moustiers, elle dénote cependant une assez grande sûreté de main, et une certaine pratique du dessin.

Au revers, une grande inscription en bleu, tracée en caractères cursifs de deux à trois centimètres de hauteur, occupe tout le fond du plat; elle est ainsi conçue :

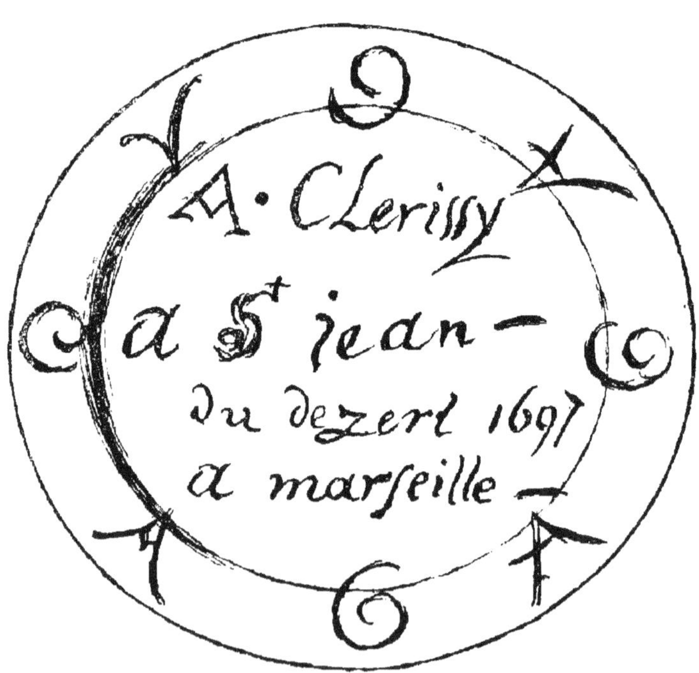

Une particularité à noter, c'est que tous les contours, et même quelques parties du sujet, sont tracés en violet clair : l'émail, au lieu d'être d'un aussi beau blanc que dans les produits contemporains de Moustiers, est d'un ton bleuâtre qui rappelle tout à fait celui des faïences de Nevers. Du reste, tous les amateurs qui ont vu ce plat l'ont attribué sans hésiter à cette fabrique, et il est évident que le peintre a voulu lui-même imiter une pièce de Nevers (1).

Saint-Jean-du-Dézert est ce qu'on appelle en Provence un *quartier*, ou faubourg isolé à peu de distance de la ville. Ce qui ajoute un grand intérêt à cette pièce, c'est le nom qu'elle porte. Cet A. Clérissy établi à Marseille était-il un parent de ceux de Moustiers ? Dans les archives de cette dernière ville, on trouve, à la date du 14 novembre, l'acte de baptême d'Augustin Clérissy, fils d'Antoine ; et, le 4 janvier 1699, Antoine Clérissy figure lui-même comme parrain. Est-ce l'un de ces deux personnages qui, témoin des premiers succès de Pierre Clérissy à Moustiers, vint établir une faïencerie à Marseille? C'est ce que je ne saurais dire. Un fait certain, c'est qu'il y avait des Clérissy à Marseille dès le XVe siècle : dans un registre de transcriptions conservé aux archives de la mairie de cette ville, j'ai lu, à la date

____

(1) Cette pièce offre une grande analogie avec un plat nivernais du Musée de Sèvres, représentant un combat entre les chrétiens et les Turcs.

de 1486, la signature de Desiderius Clerici, et à
l'année 1511 celle de Johannes Clerici, tous deux
secrétaires et notaires.

Malgré toutes les recherches que j'ai faites à la
bibliothèque de Marseille, malgré l'empressement
que j'ai trouvé auprès de M. Landais, archiviste de
la mairie, et de M. André, sous-archiviste à la préfecture, je n'ai pu découvrir aucun document relatif
à cette fabrique, dont la trace a également échappé
aux patientes investigations de M. A. Mortreuil, qui
habite le pays, et qui a recueilli avec soin tous les
documents relatifs aux anciennes industries de sa
ville. M. André, de son côté, a bien voulu s'occuper
personnellement de recherches à ce sujet, mais il
n'a pas été plus heureux.

Mais, si les documents sur la fabrique d'A. Clérissy de Marseille font absolument défaut, je dois
dire que les produits n'en sont pas très-rares : guidé
par la pièce signée que je viens de décrire, j'ai pu
en remarquer, dans le Midi de la France, des spécimens assez nombreux pour me faire croire que cette
fabrique dut avoir au moins une durée de quelques
années. Elle eut assurément une certaine importance
au point de vue industriel, car plusieurs pharmacies
du Midi renferment encore des vases en faïence
marseillaise du XVIIe siècle. Je citerai notamment
celle de l'hôpital de Narbonne, qui en est entièrement garnie. M. Tournal, qui dirige avec savoir et
activité le musée de cette ville, possède aussi une

pièce assez intéressante, également décorée dans le
genres des faïences de Nevers.

L'émail des faïences d'A. Clérissy est ordinairement bleuâtre ; les contours du dessin sont tracés en
violet de manganèse, et les ornements presque toujours empruntés aux porcelaines de la Chine et du
Japon. Il est, du reste, un signe qui permet quelquefois de les distinguer de celles de Nevers : c'est le
monogramme d'A. Clérissy, composé tantôt d'un A
et d'un C, comme sur le plat que j'ai décrit; tantôt
simplement d'un C. Ces chiffres, tracés cursivement
en bleu, sont ordinairement répétés plusieurs fois
au revers des plats ou assiettes, et en occupent le
marly, où ils sont disposés de manière à imiter certains signes cursifs qu'on voit ordinairement au dos
des plats de Nevers.

Les diverses pièces d'A. Clérissy que j'ai pu observer offrent entre elles une assez grande ressemblance, et paraissent appartenir, à peu de chose
près, à une même époque. Je ne pense pas que la fabrique de Saint-Jean-du-Dézert ait dépassé de beaucoup les premières années du XVIIIe siècle. Il est pro-
probable qu'elle avait cessé d'exister en 1709, époque où, comme on l'a vu, des quantités de faïence si
considérables avaient été importées à Marseille.
Quant au faïencier Jean Delaresse, mentionné par
M. Mortreuil, je n'ai jamais rencontré aucun document le concernant, ni aucun produit pouvant lui
être attribué.

J'espère que, maintenant que j'ai éveillé l'attention sur l'intéressante fabrique d'A. Clérissy de
Marseille, de nouvelles recherches faites par les
curieux de la localité viendront compléter les renseignements que j'ai pu communiquer aux amateurs.

XV

Savy reprend la fabrication de la faïence à Marseille en 1749. —
Plaintes des ouvriers faïenciers de cette ville. — Lutte des
fabriques marseillaises contre celles d'Italie. — Une faïencerie établie à Urbino par un Français.

La fabrication de la faïence semble avoir été aban-
donnée à Marseille pendant une quarantaine d'années environ, à partir du commencement du XVIIIe
siècle ; du moins je n'ai pu trouver la mention d'aucune fabrique depuis 1709 jusqu'à 1749.

C'est à l'année 1749 qu'il faut placer la fondation
de la première fabrique de cette nouvelle période de
la faïence marseillaise, où le décor polychrome succéda au camaïeu bleu accompagné de violet. Cette
fabrique fut établie par le sieur Honoré Savy ; la
preuve nous en est fournie par un document conservé aux archives de la préfecture des Bouches-du-
Rhône. Par une lettre du 27 septembre 1765,
adressée à M. Bertin, ministre et secrétaire d'État,
M. Aillaud, un des échevins de Marseille, fait valoir

7

que « *le sieur Savy est maître fabricant de fayance depuis quinze années* ».

C'est donc par Honoré Savy que je commencerai
l'examen des différents faïenciers marseillais ; mais,
auparavant, jetons un coup d'œil sur la situation générale des faïenceries de cette ville vers le milieu
du XVIIIᵉ siècle, époque vers laquelle, ainsi que je
l'ai dit, la fabrication recommença.

« L'industrie de la faïence, dit M. A. Mortreuil,
prit de suite, dans Marseille, un développement considérable, s'il faut en juger par le nombre d'ateliers
qui s'organisèrent presque simultanément. Les exportations des colonies et du Levant furent, pour
cette fabrication, l'objet d'un commerce aussi actif
que fructueux. »

Antérieurement à l'année 1756, il existait déjà
plusieurs fabriques, car Grosson, auteur de l'*Almanach historique de Marseille*, nous apprend que « depuis l'établissement de l'Académie de peinture dans
cette ville, en cette même année, ces manufactures,
trouvant à un modique salaire des dessinateurs et
des peintres à souhait, ont acquis par là l'élégance dans les formes et toutes les beautés de
l'art (1) ».

(1) Suivant le même auteur, les échevins, témoins des
progrès de cette école naissante, et sensibles au zèle de
ces artistes qui procuraient aux diverses manufactures
relatives au commerce nombre de sujets qu'on trouvait
auparavant avec peine, obtinrent du roi, le 14 juin 1756,

Quelques années après, en 1761, les faïenceries de Marseille occupaient un personnel très-considérable ; le trop grand nombre d'apprentis était même devenu un sujet de plainte pour les ouvriers faïenciers : on en peut juger par plusieurs lettres conservées aux archives de la préfecture , et dont je me bornerai à rapporter la substance.

Le 2 janvier 1762, M. Bertin écrit de Versailles à M. de la Tour, intendant de Provence à Aix, au sujet des doléances des ouvriers faïenciers de Marseille, qui se plaignaient du trop grand nombre d'apprentis qu'employaient les fabricants : quelques uns en avaient jusqu'à vingt-quatre, au salaire de *cinq sols par jour, payés en faïence*. Ce mode de payement, disent les ouvriers, déprécie les faïences, en détériore

un arrêt du Conseil qui autorisait la communauté de Marseille à fournir une somme pour l'entretien économique de cette académie.

Le même Grosson était un des directeurs de l'Académie de peinture de Marseille. Dans un discours lu dans la séance publique du 25 août 1783, il disait encore : « C'est aux soins généreux des membres de cette Académie que nous devons cette quantité d'élèves qui ont fait avouer leurs talents dans la capitale et dans l'Italie, tandis que d'autres ont perfectionné nos fabriques relatives au dessin. L'art du fayancier, celui d'imprimer les toiles, etc., ont acquis des ouvriers qui leur ont donné un degré de supériorité, et Marseille a pu faire exécuter dans son sein les objets qu'elle tiroit à grands frais de l'intérieur du royaume, et même des pays étrangers. »

la qualité, et fait passer les ouvriers à Gênes. Ils terminent en demandant que chaque fabricant ne puisse avoir que deux apprentis, de cinq en cinq ans, et qu'ils soient payés en argent.

En réponse à cette lettre, l'intendant de Provence fait observer au ministre qu'il n'y a à Marseille ni maîtrise ni jurande pour la fabrication de la faïence, laquelle est parfaitement libre : on ne peut donc limiter le nombre des apprentis, mais on pourrait exiger qu'ils fussent payés en argent. « La réponse ci-dessus, dit encore M. de la Tour, est conforme à une lettre des échevins et députés du commerce de Marseille, dans laquelle ils envoyaient copie d'un mémoire adressé à M. Simian sur le commerce de la faïence, en date du 11 décembre 1761. »

J'ai pu retrouver dans les archives de la préfecture le mémoire en question. Comme il renferme des détails pleins d'intérêt sur la concurrence que les faïences italiennnes faisaient alors à celles des fabriques françaises du Midi, j'en donnerai ici quelques extraits :

« L'importation que les Génois font de leurs faïences en Languedoc et en Provence, d'où elles se répandent dans le reste du royaume, est véritablement ruineuse pour les faïenceries de ces deux provinces, et pour celles de Marseille.

« L'origine de cette introduction procède principalement de ce que le droit de vingt livres par quintal (1), établi par l'arrêt du 25 février 1692 sur les faïences étrangères, n'est pas exactement perçu sur celles de Gênes, de Rome, et autres d'Italie qui font l'objet du commerce génois.

« Sous prétexte qu'elles sont grossières, pesantes et à bas prix, on ne leur fait payer que le droit de cinquante sols le quintal, imposé par l'arrêt du 22 septembre 1714 sur les poteries de grès.

« Cette modification n'a lieu dans les bureaux du Languedoc que sur la faïence de Gênes, vernissée tant en dedans qu'en dehors, en brun ; mais il est sûr qu'on en fait jouir aussi celle dont le vernis est blanc, dans les bureaux de la direction de Marseille, d'où, après avoir payé ces cinquante sols, elle peut passer sans difficulté en Languedoc et ailleurs.

« Toutes ces faïences sont, à la vérité, gros—sières, pesantes et à bon marché, mais elles ne sont pas pour cela des poteries de grès, pour lesquelles l'arrêt du 22 septembre 1714 a été uniquement ren-du ; la matière qui sert à faire ces faïences d'Italie est la même que celle qu'on emploie dans les fabri-ques de Languedoc, de Provence et de Marseille, et leur bas prix, qui les fait préférer à celles de ces deux provinces et de cette ville, rend d'autant plus néces-saire la perception du droit à vingt livres le quintal, puisque c'est le seul moyen de les priver de cette préférence.

____

(1) Ce droit était antérieurement de 40 livres.

« Une fausse interprétation de l'arrêt du 22 septembre 1714, faite en 1744, c'est-à-dire près de
trente ans après sa publication, est donc le principal motif de la faveur dont jouissent les Génois dans
le commerce des faïences étrangères.

« On croit aussi qu'ils emploient toutes sortes de
ruses, qui leur réussissent, pour tromper la vigilence (*sic*) des employés des fermes destinés à empêcher les débarquements frauduleux sur les côtes
du Languedoc...

« Le moyen proposé de faire payer vingt livres
par quintal sur la faïence de Marseille allant en
Languedoc ne peut se concilier avec les règlements
de cette ville. Pour ôter tout moyen aux Génois qui
achètent de la faïence à Marseille d'y substituer la
leur, les échevins de cette ville ordonneront à leurs
faïenciers de faire mettre dans des caisses cette
marchandise qu'ils vendront, pour aller en Languedoc, aux Génois, et de spécifier dans les certificats
qu'ils délivreront le nombre de caisses, la quantité
en nombre, la qualité et la couleur des pièces de
faïence vendues, et le poids brut de chaque caisse
bien exact; et les échevins qui doivent viser ces certificats refuseraient leur visa pour tous ceux qui ne
feraient pas mention de toutes ces circonstances. »

Les fabriques provençales avaient donc à lutter
constamment contre celles d'Italie, qui, ne se bornant pas à l'importation de leurs produits, venaient
encore enlever à Marseille ses peintres faïenciers.

Parmi ceux de ces artistes marseillais qui allèrent travailler en Italie, j'en puis citer un du nom de Jacques Boselly : on trouve assez souvent sa signature, tantôt sur des faïences marseillaises, tantôt sur des faïences italiennes. J'ai vu chez un marchand de curiosités de Paris, M. Schmidt, deux grands vases décorés en camaïeu vert, portant cette inscription :

Jacques Boselly, Savonne, 1779, 24 septembre.

Quelquefois aussi le même artiste, italianisant son prénom, signait *Giacomo Boselly*.

Dans une vente de faïences italiennes, faite à Paris en janvier 1860, j'ai vu deux lampes en faïence, habilement décorées, et dont la forme rappelait celle des *lucerniere* dont on se sert encore aujourd'hui en Italie (1). « Elles sont à quatre tubes, dit le catalogue, traversées au centre par une tige en cuivre argenté, ce qui permet de les monter et de les descendre à volonté ; les piédouches dans lesquels sont fixées les tiges sont en même faïence et contournés sur les bords ; le décor offre des chutes de fruits et de fleurs se détachant sur un fond vert d'eau. Sous les piédouches on lit l'inscription suivante :

Fabrica di Maiolica fine di Monsieur Rolet in Urbino a 20 novembre 1772.

---

(1) Ces lampes ont été achetées pour le Musée de Kensington, à Londres.

Qui se serait attendu à voir une fabrique de faïence fondée à Urbino par un Français? M. Rolet devait être, suivant toute apparence, un de ces transfuges dont nous avons vu les faïenciers marseillais déplorer l'émigration en Italie.

Ces faits suffisent à expliquer la ressemblance qui existe entre les faïences de plusieurs fabriques italiennes du XVIIIe siècle et celles de Marseille. Cette analogie est tellement frappante que beaucoup de personnes confondent ces différents produits, bien que certains signes empêchent cette confusion. Un de ces signes, tout à fait particulier aux ateliers marseillais, est la couche de vert de cuivre dont on recouvrait les traces laissées au revers des pièces par les *pernettes* (1).

Plusieurs écrivains du siècle dernier ont signalé les fabriques marseillaises comme dignes d'attention, notamment le *Voyageur français* (l'abbé Delaporte), en 1788; vers la même époque, Dulaure, dans sa *Description de la France*, recommande aux voyageurs d'aller visiter les manufactures de faïence et de porcelaine de Marseille.

Un auteur du pays, Béranger, nous apprend, dans les *Soirées provençales*, qu'il y avait encore à Marseille, en 1787, dix fabriques de faïence et de porcelaine. On comptait déjà, peu d'années après le

_____

(1) On appelle *pernettes* les étais dont on se sert pour poser les pièces de faïence pendant la cuisson.

milieu du XVIIIe siècle, suivant M. A. Mortreuil,
douze fabriques de poterie en activité, dont neuf de
faïence émaillée.

Voici les noms des fabricants :

    Agnel et Sauze, près la porte de Rome.
    Antoine Bonnefoy, près la porte d'Aubagne.
    Boyer, à la Joliette.
    Fauchier, hors la porte d'Aix.
    Ve Fesquet, hors la porte Paradis.
    Ve Perrin et Abellard, hors la porte de Rome.
    Joseph-Gaspard Robert,   d°.
    Honoré Savy,   d°.
    Jean Baptiste Viry, aux allées de Meilhan.

Trois autres fabricants, Batelier, Eydoux et Mas-
suque, ne faisaient que de la poterie grossière.

La révolution de 1789 porta aux faïenciers marseillais le même coup qu'à ceux de Moustiers. Avant
cette époque, les douze fabriques en activité occupaient deux cent cinquante ouvriers.

En l'an XIV (1805), il n'y avait plus que trois fabriques de poterie et trois de faïence, occupant vingt
ouvriers.

L'année suivante, les fabriques de faïence étaient
réduites à deux.

Parmi les pièces marseillaises envoyées à l'exposition de l'industrie à Paris, en 1806, il y en avait
de remarquables, dit le *Moniteur*.

En 1809, il n'existait plus qu'une seule fabrique, celle de M. Sauze (1).

D'après la statistique des Bouches-du-Rhône, de M. le comte de Villeneuve, Marseille n'avait plus, au moment de la chute du gouvernement impérial, qu'une seule faïencerie; encore était-elle bien peu importante, puisque le chiffre annuel de ses produits n'arrivait qu'à 5,000 fr.

Les exportations de faïence pour les colonies et le Levant étaient autrefois, suivant M. A. Mortreuil, l'objet d'un commerce aussi actif que fructueux. « Aujourd'hui encore, ajoute-t-il, la seule fabrique qui nous reste semble suivre les traditions originaires, et puise la majeure partie des bénéfices dans la vente d'objets appropriés aux usages orientaux, en maintenant les formes et les ornements recherchés dans les pays d'outre-mer. »

(1) Julliany, *Essai sur le commerce de Marseille.* Paris, 1842, in-8°.

XVI

La fabrication de la faïence, à Marseille, ayant
marché de front, dans certains ateliers, avec celle
de la porcelaine, je ne crois pas devoir séparer ces
deux genres de produits dans l'examen que je vais
faire des différentes usines de cette ville.

Pour suivre l'ordre des dates, je commencerai par
Honoré Savy, qui possédait, comme je l'ai montré,
dès l'année 1749, une fabrique de faïence. A une
époque où la fabrication de la porcelaine dure était
à peine connue en France, il demanda au ministre,
par une lettre du 17 décembre 1765, un privilége
pour se livrer à cette industrie (1). M. Bertin répondit à l'intendant de Provence qu'il accordait l'auto-

(1) Une copie de cette lettre existe aux archives de la
préfecture des Bouches-du-Rhône.

risation de fabriquer la porcelaine; mais il ajoutait sagement : « J'entends que c'est une permission, car, à l'égard du privilége, ce seroit attenter à la liberté publique, et resserrer l'industrie, au lieu de l'étendre. »

Une seconde lettre, du 27 septembre de la même année, fait valoir en faveur de Savy qu'il est maître fabricant de faïence depuis seize ans; et, dans une autre lettre écrite peu de jours après, il assure « qu'il a trouvé un vert supérieur à celui que l'on voit communément », et il prétend être le seul qui sache l'employer.

Quelques mois plus tard, le 24 avril 1766, le ministre écrivait encore à l'intendant de Provence :

« Le sieur Savy n'est pas le seul qui ait demandé un privilége exclusif pour fabriquer de la porcelaine; plusieurs personnes qui ont découvert en France des matières propres à cette fabrication ayant présenté des mémoires à ce sujet, le Conseil a jugé que le moment était favorable pour encourager l'industrie nationale, en permettant, d'abord avec quelques précautions et quelques restrictions, la fabrication des porcelaines. Je vous envoie ci-joint quatre exemplaires de l'arrêt qui a été rendu à ce sujet, et je vous prie de le rendre public (1). J'y joins le mé-

____

(1) Cet arrêt du Conseil, du 15 février 1760, est imprimé dans le *Dictionnaire des arts et métiers* de l'abbé Jaubert. — Paris, 1773, in-12.

moire qui a été lu par M. Guettard, à la rentrée de l'Académie royale des sciences, sur la découverte des matières propres à faire de la porcelaine ; on ne doute pas qu'il y en ait de pareilles dans plusieurs provinces du royaume. Je vous prie de me faire part des succès de l'établissement du sieur Savy en ce genre, lorsqu'il aura lieu, et d'encourager les manufactures de fayence de votre province à s'adonner à un travail dans lequel je suis persuadé que les artistes français excelleront bientôt et en feront l'objet d'un commerce important avec l'étranger. »

Malgré des demandes réitérées avec tant d'instance, Honoré Savy paraît avoir renoncé, pendant assez longtemps du moins, à entreprendre la fabrication de la porcelaine. Le *Journal des fêtes données à Marseille* à l'occasion de l'arrivée de Monsieur, frère du roi (1), en 1777, rend compte de la visite de ce prince aux ateliers de Savy. On verra, par l'extrait suivant, qu'il n'y est nullement question de porcelaine :

« Monsieur se rendit à la fabrique de faïence du sieur Savy, ainsi qu'il l'avoit annoncé la veille, les troupes bourgeoises bordant toujours la haie sur son passage. Ce fabricant avoit fait mettre, dans la nuit, sa manufacture en état de recevoir cette visite.

« Tous les ouvriers étoient postés dans leurs différents ateliers, et les choses se trouvèrent telle-

____

(1) Le comte de Provence, plus tard Louis XVIII.

ment disposées, que le sieur Savy eut la satisfaction
de montrer au prince toutes les opérations de sa
manufacture, depuis le commencement jusques à la
perfection d'une pièce...

« Monsieur fut introduit ensuite dans la grande
galerie de cette manufacture, où il vit une immensité d'ouvrages de fayence de toute espèce, et dont
il eut la bonté de louer la perfection. Le prince parut
si satisfait, qu'il permit au sieur Savy de mettre sa
manufacture sous sa protection, d'y placer ses armes, et d'élever au milieu de la galerie la statue du
prince, qu'il se propose de fabriquer. »

Le récit de la visite du comte de Provence, qui
est rapporté dans les mêmes termes par le *Guide
marseillais*, prouve, à n'en pas douter, que Savy ne
faisait que de la faïence en 1777. Cependant nous
trouvons dans le même ouvrage (année 1779-1780)
la mention suivante : « Honoré Savy, fabricant de
fayence, fayence émaillée et porcelaine, sous le titre
de *Manufacture de Monsieur*, *frère du roi*, hors la
porte de Rome. » Parmi les noms des membres as-
sociés de l'académie de peinture de Marseille, j'ai
trouvé celui de Savy, dessinateur, à l'année 1784 ;
il était associé académicien depuis 1756.

Il faut conclure de tout ce qui précède que, si
Savy fit réellement de la porcelaine, cette fabrication n'eut jamais dans ses ateliers qu'une importance très-secondaire ; je n'en ai jamais vu aucune
pièce qui pût lui être attribuée.

Quant à ses faïences, on a vu le comte de Provence louer la perfection d'une *immensité d'ouvrages de toute espèce.* Quels sont ces ouvrages de Savy? L'absence de toute signature ne permet pas de les classer avec certitude. On a attribué à ce fabricant certaines pièces portant au revers une fleur de lis qui offre ordinairement cette forme, et qu'il aurait adoptée comme marque après la permission qui lui fut accordée par le frère du roi de mettre sa fabrique sous sa protection. Cette attribution, qui ne manque pas de vraisemblance, a été adoptée au musée de Sèvres pour le classement d'une grande soupière, d'un bel émail et d'une peinture soignée, et dont la forme contournée rappelle celle des pièces d'orfévrerie de Germain.

Une autre pièce non moins remarquable, portant aussi la fleur de lis, mérite d'être citée : c'est encore une grande soupière ovale, ayant l'aspect d'une corbeille tressée; le couvercle imite une serviette dont les coins sont noués, et d'où s'échappent différentes pièces de gibier et des poissons habilement modelés en relief. Par la beauté de l'émail, par la richesse et l'éclat des couleurs, cette faïence peut rivaliser avec les plus belles porcelaines. On y voit un bleu qui égale celui des porcelaines tendres de Sèvres, et un beau vert qui est sans doute cette couleur que Savy se vantait de savoir seul employer.

Je dois faire observer que la fleur de lis a dû être adoptée comme marque par plusieurs fabriques, car elle se trouve sur des pièces d'aspect trop différent pour qu'on puisse leur attribuer la même provenance. Cette fleur de lis est quelquefois accompagnée des lettres *C* et *S*.

Les pièces ainsi marquées n'ont pas d'analogie avec les faïences marseillaises; de plus, on ne saurait y retrouver les initiales de Savy, dont le prénom était Honoré.

J.-G. ROBERT.

Parmi les anciens fabricants marseillais, Joseph-Gaspard Robert peut compter comme un des plus importants. Comme il signait quelquefois ses produits, il me sera très-facile de les déterminer; mais, avant d'arriver à cet examen, je commencerai par citer un document qui le concerne, et que j'emprunterai encore au *Journal des fêtes données au comte de Provence* :

« On lui avait parlé de la manufacture de porcelaine du sieur Joseph-Gaspard Robert; le prince parut curieux de la voir : elle était à portée, il s'y rendit avec toute sa suite.

« Cette habile artiste n'avait point été prévenu, mais son activité et son zèle suppléèrent à tout. Le prince vit d'abord, dans un salon, un grand vase de porcelaine dont la forme, le dessin et la sculpture, fixèrent ses regards. *Ceci mérite d'être vu* (dit le prince aux seigneurs de sa suite). Ils examinèrent

ensuite diverses pièces qui se trouvaient à côté de
ce vase, et qui toutes attirèrent au sieur Robert les
éloges les plus flatteurs]

« Monsieur entra dans le magasin des porcelaines
et s'arrêta à un service complet qui parut mériter
son attention. Il apprit avec plaisir que ce service
était destiné pour l'Angleterre.

« Divers seigneurs de sa suite eurent la bonté de
lui faire remarquer surtout l'exécution de différentes
fleurs en porcelaine, dont le feuillage était aussi léger que celui des fleurs naturelles.

« Le sieur Robert saisit à propos cette occasion
pour exposer au prince qu'il était arrêté dans sa fabrication par les difficultés de trouver dans la province les matières nécessaires à ces sortes d'ouvrages, et il ajouta que la chose ne serait pas impossible,
si le gouvernement voulait bien l'aider dans les frais
de cette recherche. Il se flatte que ces mots n'auront
pas été entendus inutilement par un prince amateur
et protecteur des beaux-arts.

« Le prince, après avoir parcouru les divers ateliers, daigna exciter les ouvriers par de nouvelles
largesses. »

Ainsi, ajoutent MM. Jacquemart et Le Blant dans
leur excellente *Histoire de la porcelaine*, Marseille
possédait, en 1777, une manufacture de porcelaine
en pleine activité, et montée sur un pied qui per-
mettait d'exécuter les vases de grande dimension à
ornements sculptés, et même les bouquets de fleurs

dans le genre de Sèvres. Cette poterie était si bien connue que l'étranger adressait des commandes à Robert, notamment l'Angleterre, qui cependant possédait alors de brillantes fabriques.

M. A. Mortreuil nous signale les pièces suivantes, auxquelles il peut attribuer avec certitude une origine marseillaise : un sucrier, un pot à eau, un tête-à-tête. « Celles-ci ont été acquises dans la manufacture même de Robert, par un des ancêtres de la personne qui me les a communiquées. La première a été trouvée chez un marchand de curiosités, mais provient sûrement du même lieu, comme le démontrent ses caractères externes.

« Le sucrier a été façonné par moulage; il est ovoïde, bursaire, à parois épaisses, d'une forme qui se rapproche du style chinois; la surface est souillée d'une teinte inégale de gris jaunâtre. Sur chaque grand côté est un médaillon en camaïeu sienne brûlée, représentant un site deux fois reproduit, qui est encore une imitation très-imparfaite des paysages de la Chine. La peinture est au pointillé et assez délicate. Le chiffre X. B. est tracé en lettres d'or sur le champ des ciels. La dorure est légère, terne; elle a disparu dans les parties les plus exposées au frottement. La couverte présente des ondulations et paraît avoir été mise par aspersion.

« Cet exemplaire appartient, sans contredit, aux premiers temps de la fabrication. Il y a dans chacune de ses parties quelque chose d'indécis qui dénote une main encore peu familiarisée avec les procédés de façonnage et d'ornementation. Je suis tenté de croire que la matière première vient de la Chine. Il est certain qu'il a existé, dans le milieu du XVIIIᵉ siècle, de fréquentes relations commerciales entre cette contrée et Marseille. Je ne connais pas, en effet, de localité où l'on rencontre plus fréquemment qu'ici des débris d'anciens services en porcelaine de Chine exécutés sur commande, ornés du chiffre ou des armoiries de leurs possesseurs.

« Le pot à eau dénote un progrès évident dans la fabrication ; la pâte est moins grisâtre, la couverte est mieux étendue ; le décor en camaïeu gris, qui représente divers épisodes de l'histoire de Loth, est peint d'une manière plus large et mieux assurée. Le dorure est gracieusement jetée, plus forte et mieux assise. Je pense qu'on a dû employer pour cette pièce le kaolin d'Alençon.

« Le tête-à-tête est irréprochable : il peut rivaliser, par le façonnage, la peinture et la dorure, avec les produits les plus parfaits des manufactures de Paris. La pâte a conservé une légère teinte grisâtre ; mais ce défaut tient à la qualité imparfaite du kaolin d'Alençon. Les tasses sont tournées mince, à bords droits et à anses. Le fond est de grand feu nankin foncé, doré à l'or fort, avec médaillons réservés en blanc, à cartels d'oiseaux, dans le genre plus particulièrement usité par les décorateurs de Sèvres et de Villeroy, qui se prête si bien au mouvement

de la composition et aux fantaisies de la couleur.

« Ce sont là, comme on le voit, des pièces d'apparat que la richesse et le goût de leur facture ont
préservées des chances continuelles de destruction.
Robert fabriquait aussi des porcelaines ordinaires :
on en consommait beaucoup pour le service des ca-
fés et des autres lieux publics...

« La notice sur le séjour du comte de Provence
à Marseille loue d'une manière spéciale ses fleurs
peintes en imitation du naturel... Plusieurs personnes peuvent se rappeler avoir vu dans quelques anciens salons de la ville des fleurs en porcelaine
sortant des ateliers de Robert. »

J'emprunterai encore à MM. Albert Jacquemart
et Edmond Le Blant les lignes suivantes sur quelques autres porcelaines de Robert:

« Grâce à des recherches actives dans le Midi de
la France, M. Davillier a augmenté sa riche collection de deux pièces en porcelaine marseillaise. L'une
est un sucrier ovale, couvert, destiné à recevoir le
sucre en poudre; il porte des médaillons finement
peints représentant la vue du port de Marseille et
d'une promenade de cette ville, animés de personnages caractérisés par leur costume national.
L'autre est une tasse en pâte fine très-translucide,
décorée de bouquets d'un style analogue à celui des
faïences de Robert; mieux encore, la signature de
cet artiste, placée sous chaque pièce, est un signe

irrécusable de la provenance. Ce chiffre est composé des lettres J et R. Il existe sur des faïences de
la collection de M. Mortreuil. La manufacture de Sèvres a pu acquérir deux pièces
semblables à la tasse de M. Davillier, et montrer ainsi à tous les curieux des spécimens incontes-
tables de la rare porcelaine du Midi. »

Quelquefois aussi Robert signait ses porcelaines d'un simple R tracé en bleu sous la
couverte. J'ai acquis à Marseille une tasse
ainsi marquée, dont le décor en bleu imite celui du
Japon, et une autre décorée de guirlandes de fleurs
polychromes et d'autres ornements d'une belle do
rure, qui porte la même marque. Au sujet de ce
dernier spécimen, je dois faire ici une observation :
je possède une autre tasse exactement pareille,
jusque dans les moindres détails, comme pâte, forme, décor, dorure, etc., provenant enfin, sans le
moindre doute, du même atelier; seulement cette
dernière pièce, au lieu de la lettre R, porte le monogramme suivant :

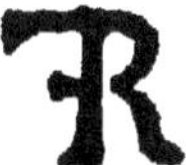

Comment faut-il l'interpréter? Serait-ce Robert fils,
ou Robert frères? Je ne sais si ce fabricant s'associa
quelques membres de sa famille; mais un fait certain, c'est que la pièce ainsi marquée est bien de

lui. M. Jacquemart, qui a reproduit ce monogramme dans son *Histoire de la porcelaine* (page 654), l'attribue à la fabrique de Naples, et pense qu'il peut être expliqué par : *Re Ferdinando*. J'espère qu'il me sera facile de rectifier l'erreur de ce savant, erreur qui vient sans doute de ce qu'il a mal observé la véritable marque de la fabrique royale de Naples sous Ferdinand IV (1). En effet, voici la marque qu'il donne comme appartenant à cette fabrique :

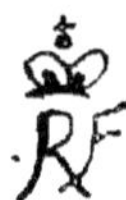

Or, sur tous les spécimens que j'ai pu observer, sur six pièces que je possède, j'ai toujours vu la marque ainsi tracée :

avec les deux F parfaitement indiqués; souvent même ils sont séparés par un point destiné à bien marquer la division des initiales, qu'il faut lire ainsi : *Fabbrica reale Ferdinando*.

J'ajouterai une observation : c'est que la pièce marquée d'un R et d'un F, et que j'attribue à la fabrique de Robert, ne ressemble, sous quelque rap-

______

(1) Ce roi succéda à Charles III, qui avait fondé la célèbre fabrique de porcelaines de Capo di Monte.

port que ce soit, à aucun des différents échantillons de la porcelaine de Naples.

Je puis encore citer, parmi les porcelaines de Robert, un joli vase à couvercle monté en argent, et un grand sucrier ovale, de forme bateau : le décor de ces deux pièces consiste en bouquets de roses finement peints, tout à fait semblables à ceux qui ornent les faïences du même artiste.

Les faïences de Robert portent quelquefois une marque, ordinairement en noir, c'est l'R avec ou sans point, tel qu'on le trouve sur les porcelaines. Quelquefois le J est mieux indiqué, comme dans la marque suivante :

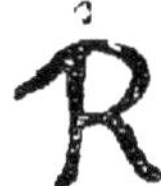

qu'on voit sur un joli plat rond du musée de Sèvres, orné des bouquets de roses dont je viens de parler. J'ai vu plusieurs fois la marque de cet artiste accompagnée de ce signe :

·R·X·

Le même musée possède une autre faïence signée en toutes lettres :

Robert à Marseille.

C'est une grande soupière de la forme contournée à la mode du temps de Louis XV, dont le couvercle est orné de poissons en relief habilement modelés; le décor, en camaïeu d'un beau vert teinté de noir et offrant quelques irisations, représente des fleurs, des oiseaux, des poissons, des coquillages, etc.

D'autres faïences de Robert sont ornées de paysages, de personnages, de fruits, d'insectes, et de natures mortes très-variées, peints en diverses couleurs; mais comme un grand nombre de pièces sont sans marque, il est quelquefois difficile de classer avec certitude des produits qui se confondent souvent avec ceux des autres faïenciers marseillais.

Cependant un signe certain pour reconnaitre les faïences de ce fabricant, c'est la présence de dorures d'un éclat et d'une finesse remarquables. Certaines pièces égalent, en ce genre, les plus belles porcelaines de Saxe. Je citerai notamment un grand plat dont la bordure est ornée de fleurs et d'insectes. Le fond est occupé par un sujet habilement composé, très-finement peint, et d'un caractère franchement provençal : au milieu d'un paysage méridional ayant la mer pour horizon, des villageois exécutent, en se tenant par la main, cette danse du pays qu'on appelle la *farandoulo*, et dans quelques endroits la *mouresquo;* l'orchestre, abrité par de hauts chênes verts, se compose de jeunes gens qui jouent du *galoubet* de la main gauche, en frappant de la droite le long tambourin provençal. Plusieurs da-

mes de distinction, accompagnées d'un jeune abbé,
paraissent contempler avec plaisir cette scène villa-
geoise, où se retrouvent toute la gaieté et tout l'en-
train des Méridionaux (1).

Les produits de la fabrique de Robert, suivant
M. A. Mortreuil, présentaient une grande variété :
« Plats, assiettes, statuettes, aiguières, fontaines,
vases, porte-fleurs, sortaient tour à tour des ateliers
de cet habile industriel. Je n'hésite pas à lui attribuer
des faïences, dont le revers est marqué d'un R en gris
bleuâtre, qui sont remarquables par leur légèreté et
leur ténuité, par l'éclat et la finesse des peintures,
par la correction du dessin. Dans une même pièce,
certaines couleurs offrent des reliefs semblables
à ceux qui caractérisent les anciennes porcelaines de
Chine, tandis que d'autres se fondent dans l'émail
sans la plus légère saillie. Je citerai deux assorti-
ments de service que ce fabricant paraît avoir plus
spécialement affectionnés : l'un, que je puis appeler
le *service aux insectes*, parsemé de coléoptères, de
diptères et de libellules, véritable album d'entomolo-
gie provençale, peint avec une délicatesse et une
vérité qui attestent dans leur auteur une grande légèreté de touche ; l'autre, le *service aux poissons*, pré-

(1) Dans les fêtes villageoises de Provence, qui ont conservé leur ancien nom de *trains* ou *roumerages*, on voit
encore figurer les anciens costumes, ainsi que le tambourin et le galoubet.

sente une série de tableaux de nature morte où s'en-
trelacent des poissons aux écailles argentées, des
mollusques aux valves reluisantes et veloutées, qui
devaient donner un attrait de plus au fumet appétis-
sant de la *bouillabaisse*. »

Joseph Gaspard Robert devait jouir dans son pays
d'une certaine considération, car il fut député par
ses confrères à l'assemblée du tiers-état, tenue à
l'hôtel de ville de Marseille le 24 mars 1789 ; honneur qu'il partagea avec un autre faïencier, Antoine
Bonnefoy.

La fabrique de Robert, suivant M. A. Mortreuil,
cessa d'exister en 1793.

XVII

VEUVE PERRIN ET ABELLARD

Leur fabrique était assurément une des plus importantes de Marseille, autant sous le rapport de
la qualité que du grand nombre des produits. Le
Guide marseillais de Grosson les mentionne comme
« *fabricants* de fayence, fayence fine et porcelaine. »

Il est très-probable cependant que la fabrication
de la porcelaine n'exista dans leurs ateliers qu'à l'é-
tat d'essai, ou du moins elle ne dut avoir qu'une très-
faible importance, car on n'en retrouve aucune trace.

Quant aux faïences de la veuve Perrin,
elles se rencontrent beaucoup plus fréquemment que celles des autres fabriques
marseillaises; on les reconnait à la marque ci-dessus
ordinairement en noir, mais quelquefois aussi en
rose, en violet ou en brun (1). Comme dans pres-

(1) On peut voir au musée de Sèvres des spécimens des
contrefaçons de faïences marseillaises actuellement débi-

que toutes les faïences de Marseille, la trace laissée au revers par les *pernettes*, qui ont enlevé l'émail, est masquée au moyen du vert de cuivre, parfois bordé de noir. Je dois parler ici d'un autre signe, qu'on trouve très-fréquemment sur les faïences marseillaises : c'est un simple trait au pinceau, tantôt délié, tantôt épais, presque toujours tracé en vert pâle obtenu par le mélange du bleu et du jaune (1), et qui affecte ordinairement une des formes suivantes :

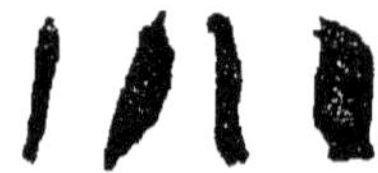

J'ai vu plusieurs pièces portant ce signe en même temps que la marque de la veuve Perrin et Abellard, ce qui m'avait fait croire d'abord qu'il était particulier à leur fabrique; mais je l'ai observé sur un si grand nombre de pièces différentes, que j'incline à penser qu'il était commun à tous les faïenciers marseillais, ou du moins à la plupart d'entre eux. Un fait certain, c'est qu'il se trouve également sur des faïences italiennes contemporaines, notamment sur celles de la fabrique de Milan. Il est probable que les

tées dans certains magasins de curiosités de Paris. — Un de ces spécimens porte la marque de la veuve Perrin. On m'a assuré que ces contrefaçons, qui s'étendent aussi aux faïence de Moustiers, se fabriquaient à Versailles.

(1) On le voit cependant quelquefois en bleu et en violet.

fabricants italiens voulurent imiter la marque de Marseille : les faïences de cette ville étaient estimées en Italie, où elles avaient un grand débouché ; il est facile de s'en convaincre en voyant la grande quantité de faïences provençales qui existent encore dans ce pays.

Les produits de la veuve Perrin et Abellard ne sont pas moins variés que ceux de Robert. C'est sans doute à leur atelier qu'il faut attribuer ces soupières, écuelles, sucriers, etc., dont le couvercle est orné de poissons et de coquillages de la Méditerranée si bien imités en relief. Certaines pièces à fond jaune, ornées de bouquets, d'emblèmes maçonniques, etc., en réserve, portent la marque des mêmes fabricants. J'ai remarqué des faïences de la veuve Perrin dont l'émail, d'une beauté extraordinaire, a été laissé en blanc ; elles sont seulement ornées de dorures.

ANTOINE BONNEFOY, FAUCHIER, JEAN-BAPTISTE VIRY, ETC.

M. A. Mortreuil a pu se procurer par M. Laurent Sauze, acquéreur de l'ancien fonds d'Antoine Bonnefoy, des échantillons provenant avec certitude de ce fabricant. « Quelques-unes de ces pièces, dit-il, portent pour marque spéciale la lettre B, ainsi tracée au pinceau en ocre jaune :

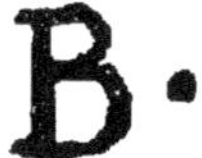

D'autres ne se distinguent que par un numéro d'ordre tracé sur le revers du marli. Toutes ont un caractère tellement arrêté et tant de ressemblance entre elles, qu'il est facile de reconnaître les autres poteries provenant de la même fabrication dont le hasard pourrait amener la découverte. Ce sont des plats ronds ou ovales, des assiettes et d'autres pièces de service remarquables par l'éclat, la blancheur, la pureté et la résistance de l'émail, la légèreté et la bonne façon du corps. Le dessin laisse à désirer sous le rapport de la correction ; il est d'une facture lâche et négligée. Les couleurs employées sont l'ocre jaune, le violacé, le bleu sale et des tons verts qui ne proviennent pas des oxydes de cuivre ; ils résultent d'un mélange de jaune et de bleu. Ce procédé a permis de donner plusieurs tons à cette couleur et de combiner des effets d'ombre et de lumière ; mais les teintes y ont perdu en vivacité et n'ont point l'éclat que communique l'emploi des oxides cuivreux. Les formes sont gracieuses et de bon goût. Cette manufacture a dû être exploitée sur une grande échelle, comme il est permis de le conjecturer d'après le nombre de pièces qui se trouvent encore dans les ménages des classes inférieures et qui ont échappé aux chances continuelles de destruction. Bonnefoy paraît surtout avoir eu pour but d'alimenter le commerce de produits bien confectionnés et à bon marché, ce qui satisfait aux conditions d'une industrie bien entendue. »

Un fait qui confirme le rôle important que joua Antoine Bonnefoy comme industriel, c'est qu'il partagea avec Joseph-Gaspard Robert, ainsi que je l'ai déjà dit, l'honneur d'être député à l'assemblée du tiers-état à l'hôtel de ville de Marseille, en 1789. — Mais, je le répète, il ne mérite d'être cité que comme industriel, et ses faïences n'ont qu'un très-faible mérite artistique.

Je n'ai jamais rencontré de pièce portant une marque qui puisse être attribuée à Jean-Baptiste Viry. Il est assez probable que ce faïencier était originaire de Moustiers : on trouve dans les archives de cette ville, à la date du 2 février 1706, un Jean-Baptiste Viry, *peintre faillancier*, dont le nom figure encore en 1726. On peut supposer que le fils de celui-ci, portant les mêmes nom et prénoms, vint s'établir à Marseille. Il était sans doute parent de Gaspard Viry, autre peintre de Moustiers, qui a signé le beau plat d'après Tempesta. Parmi les noms des membres agréés de l'Académie de peinture de Marseille (année 1784), j'ai trouvé celui de Viry, peintre en émail, dont j'ai parlé précédemment.

F. Je n'ai trouvé aucun document relatif au fabricant de Marseille nommé J. Fauchier. Je possède un grand plateau à anses, de forme très-élégante, et orné de fleurs et d'insectes finement peints en couleurs vives. Cette pièce, évidemment marseillaise, est marquée au revers d'un F en bleu. Il n'est pas impossible que ce soit la marque de Fauchier; cependant c'est la seule fois que je l'aie rencontrée.

Quant aux autres faïenciers de Marseille, tels que J.-A. Lefebvre, J.-J. Larcher, Agnel et Sauze, veuve Fesquet, ils n'ont, suivant toute apparence, joué qu'un rôle peu important, bien qu'en **1772** les deux premiers fissent partie, ainsi que **J.** Fauchier, des syndics prieurs et trésoriers des communautés des arts et métiers. Leurs produits me sont inconnus, et je ne connais aucune marque ou signature qu'on puisse leur attribuer.

Avant de terminer ce chapitre, je vais extraire du mémoire anonyme dont j'ai déjà parlé le passage suivant sur les faïences de Marseille, bien qu'il ne nous apporte que des notions assez confuses :

« Un jeune homme, à peine sorti de l'enfance, après avoir pris des leçons de dessin chez les plus habiles maîtres de Marseille, fut à Paris pour se perfectionner. Son goût pour la chimie le porta à en suivre les cours ; placé ensuite dans la manufacture de porcelaine de Vincennes, il s'y appliqua sans relâche à la recherche des couleurs métalliques et à connaître tout ce qui a trait à cette fabrication. Mais son caractère ardent et le genre de travail auquel il se livra altérèrent sa santé et l'obligèrent d'aller dans sa patrie respirer l'air natal.

« Il se refit bientôt ; son activité naturelle, secondée des connaissances qu'il avait acquises, le déterminèrent à établir à Marseille une manufacture de faïence. La réputation de cette manufacture devint en peu de temps si grande, que toutes celles de Moustiers, de Marseille et du reste de la Provence, baissèrent, de sorte qu'en moins de dix ans le jeune artiste eut fait une fortune prodigieuse.

« Ce grand succès lui suscita des jaloux ; des quantités considérables de faïence étaient achetées chez lui et portées à l'étranger, uniquement pour copier les formes et tâcher d'imiter les couleurs. La Bretagne n'avait point de manufacture de faïence (1); des commerçants de Rennes lui demandèrent des ouvriers : il leur en procura, et leur répondit même que, si la température du climat ne lui eût inspiré des craintes, il s'y serait porté lui-même pour remplir plus parfaitement leurs vues. Cependant les manufactures de Marseille lui enlevaient ses ouvriers, plusieurs passaient dans les pays étrangers, tellement qu'il fut réduit à former de nouveaux élèves. Il n'oublia rien pour les perfectionner. Il établit chez lui une école de dessin où ces jeunes gens s'exerçaient tous les jours après leur travail. Il en sortit des peintres de première classe, et les moindres furent reçus avec distinction dans les manufactures de la capitale. C'est ainsi que les grands modèles excitent l'émulation, et que la bienfaisance encourage les talents et propage les lumières. Mais le

(1) Un document conservé aux archives de Sèvres prouve qu'il en existait une à Quimper dès 1690; on y faisait même des pipes à fumer.

Gouvernement, loin de protéger des établissements aussi utiles, les détruisit entièrement par son fatal traité de commerce avec l'Angleterre.....

« Quant aux couleurs, on doit observer d'abord que le safre, qui au grand feu de faïence donne un assez beau bleu, ne vaut plus rien aujourd'hui, parce que les Hollandais le dénaturent à ce point que ceux qui ne savent point employer le cobalt n'obtiennent du safre qu'une fort mauvaise couleur, telle qu'on la voit sur presque toute la faïence de Marseille et du reste de la Provence.

« Les belles couleurs et les dorures parfaites qui distinguent la faïence de la principale manufacture de Marseille dépendent de diverses connaissances de chimie que chacun peut acquérir. »

Il est regrettable que l'auteur du manuscrit ne nous ait pas appris le nom du fabricant qui obtint tant de succès que sa manufacture « fit baisser toutes celles de Moustiers, de Marseille et du reste de la Provence »; il aurait dû aussi mentionner au moins quelques-uns des autres fabricants marseillais, dont il ne dit pas un seul mot, sans oublier A. Clérissy, de Saint-Jean-du-Désert, le premier en date.

Je dois dire, avant de terminer ce chapitre, quelques mots d'une autre fabrication qui eut lieu à Marseille : celle de la terre de pipe. Le *Guide marseillais* de Grosson pour l'année 1771 constate l'existence, dans cette ville, d'une « *manufacture de pipes à fumer, qui le disputent à celles de Hollande* ».

Le même auteur annonce, dans le volume de 1779, que la veuve Bazinet, demeurant sur le port, tenait un dépôt de ces pipes, ainsi qu'un dépôt de porcelaines. On a également fabriqué à Marseille différentes pièces de terre de pipe peintes comme les faïences ordinaires. Je possède une théière de ce genre, ornée de bouquets de fleurs (1).

FABRIQUES D'AUBAGNE.

Aubagne est un bourg faisant aujourd'hui partie de l'arrondissement de Marseille, à peu de distance de cette ville, sur la route de Toulon. Voici ce qu'on lit dans le *Tableau général du commerce*, de Gournay, année 1788 : « Il y a à Aubagne seize fabriques de poterie, et deux de *fayence fort belle, où l'on fait tout ce que l'on peut désirer dans ce genre.* La consommation et l'exportation des unes et des autres se font aux îles de l'Amérique, et à Aix, Marseille et Toulon. » Les faïences d'Aubagne doivent se confondre avec les produits marseillais. Il est probable que les fabriques mentionnées par Gournay furent établies quelque temps après celles de Marseille, et par les mêmes motifs qui firent créer dans le voisinage de Moustiers des usines rivales.

(1) C'est en 1748 et 1749 qu'on fit à Lunéville les premiers essais de terre de pipe : cette terre soutint les plus fortes épreuves du feu en présence de Stanislas Leczinski, roi de Pologne et dernier duc de Lorraine, qui accorda à cette nouvelle manufacture un privilége par arrêt et lettres patentes des 13 et 29 décembre 1749.

XVIII

C'est vers le milieu du XVIIIe siècle que la fabrication de la faïence paraît avoir commencé à Apt. Peu d'auteurs ont parlé des fabriques de cette ville, située aujourd'hui dans le département de Vaucluse; cependant Darluc en fait mention dans son *Histoire naturelle de Provence*, que j'ai déjà eu occasion de citer : « On perfectionne tous les jours à Apt le travail des fayences. Quelques-unes soutiennent bien le coup de feu, par la bonté des argiles qu'on y emploie. On en fabrique même une nouvelle espèce, qui, par la composition et le mélange des matières dont on se sert, imite parfaitement la variété des couleurs du jaspe et des marbres brocatelles. Cette fayence acquiert beaucoup de réputation. »

Au commencement de ce siècle, la faïence d'Apt était encore assez estimée ; Millin en parle dans son *Voyage dans les départements du Midi de la France*, t. III, p. 92.

« En revenant, nous entrâmes dans la manufacture de poterie et de faïence de M. Bonnet, située près du chemin. La faïence qu'on fabrique dans cette maison résiste au feu. Elle est presque toute de couleur jaune ; il y en a aussi de la brune, d'autre qui imite différentes espèces de marbres et de brocatelles ; mais la jaune est la meilleure. »

Des faïences de ce genre ont aussi été fabriquées près d'Apt. Suivant l'auteur du manuscrit anonyme copié par Calvet, « la première manufacture de poterie à terre blanche recouverte d'un vernis jaune qui ait existé en Provence a été établie au Castelet, petit village peu distant d'Apt.

« Les entrepreneurs de cette manufacture s'étant séparés, l'un d'eux établit à Apt une manufacture semblable, où cette poterie a été perfectionnée et diversement colorée. Il en est sorti de cette faïence marbrée qui s'est répandue dans les diverses villes. »

Suivant une tradition répandue vers la fin du siècle dernier, un des fabricants du pays aurait dû sa fortune à des circonstances assez singulières : un jour, vers l'époque de la terreur, il reçut de Marseille un baril d'alquifoux, ou sulfure de plomb, substance dont il se servait pour faire le vernis noir de ses poteries. Sa surprise fut grande lorsqu'il découvrit au fond de ce baril une somme énorme en or.

On raconte que les héritiers du négociant de Marseille qui avait caché l'or sous l'alquifoux acquirent, à l'aide des indications données par les registres de la douane, la conviction que le baril renfermant le trésor avait été expédié à Apt. Ils se rendirent donc dans cette ville; mais leurs recherches furent vaines, et ils retournèrent à Marseille les mains vides.

Parmi les faïences d'Apt qu'on peut considérer comme les plus anciennes je dois citer celles à fond jaune, offrant ordinairement des Amours, des rinceaux et autres ornements de style rocaille en relief; l'émail, assez épais et vitreux, présente souvent des craquelures. Beaucoup de ces faïences paraissent avoir été moulées sur des pièces d'argenterie de l'époque : ce sont des bassins, des pots à eau, des écuelles à oreilles plates, etc., souvent d'une forme très-élégante. On peut voir au musée de Sèvres un spécimen de ce genre : c'est un vase-jardinière à contours irréguliers et à revers plat.

Le même musée possède également plusieurs des spécimens d'Apt dont il a été question. Je citerai d'abord un vase de forme sphéroïdale, avec ornement en relief, reposant sur un socle carré : il est orné de festons en pâtes colorées de diverses nuances, brun-chocolat, marbrée, jaune orange. Ce vase a été fabriqué par M. Moulin, en 1780. On voit encore à Sèvres deux faïences en pâte marbrée, ornées de reliefs en pâte blanchâtre, fabriquées chez Mme veuve Arnoux en 1802.

La pâte des faïences d'Apt est compacte et très-blanche.

Lors de l'exposition des produits de l'industrie

française à Paris, en 1806, les fabricants d'Apt envoyèrent différentes pièces imitant l'agate, le granit, etc., parmi lesquelles on remarquait différents ornements de poêles et de cheminées. Ces faïences obtinrent une mention honorable pour la solidité de leur vernis.

Vers le commencement de notre siècle, les fabriques d'Apt envoyaient chaque année trois cents caisses de faïence à la foire de Beaucaire.

POTERIES DITES D'AVIGNON.

Il me paraît hors de doute que ces poteries furent fabriquées à Avignon ou dans le comtat Venaissin ; cependant je n'ai pu obtenir aucun document qui en fît mention, ni par mes propres recherches, ni par celles que des personnes du pays ont bien voulu faire pour moi. M. Joseph Marryat, dans son *Histoire de la Poterie et de la Porcelaine*, incline à croire que cette manufacture était établie à Valence, en Dauphiné. Il appuie son opinion sur un passage de l'inventaire du duc de Bourgogne, en 1467, mentionnant *« une petite escuelle de Valence. »* Rien ne me paraît justifier cette attribution : la date de 1467 semble, au contraire, la contredire, puisque les plus anciens échantillons de poterie d'Avignon qu'on connaisse ne remontent qu'à la fin du XVIe siècle. En outre, le nombre des pièces qu'on a trouvées à Avignon et dans les environs doit faire supposer qu'elles sont bien originaires du comtat Venaissin.

Les poteries d'Avignon sont ordinairement couvertes d'un vernis entièrement brun ; quelquefois, cependant, certaines parties sont jaunes ; j'ai même observé, sur un hanap dont les ornements indiquent la fin du XVIe siècle, et qui venait du marquis de Lagoy, des parties ornées d'un vernis verdâtre ou violacé.

Ces belles poteries, d'une grande élégance de forme, sont aussi d'une ornementation très-riche, quelquefois même un peu surchargée. Les pièces qu'on rencontre le plus fréquemment sont des vases, la plupart de pur ornement, puisqu'ils sont intérieurement percés du haut jusqu'en bas, particularité qui se remarque aussi dans certains vases grecs.

On voit encore quelquefois de ces plateaux quadrangulaires à quatre lobes, et ornés d'une galerie à jour treillissée, dont Moustiers a imité la forme en faïence blanche à peinture bleue.

Parmi les nombreuses faïences qui faisaient partie de la collection Soltykoff figuraient deux grands plats ronds en terre brune émaillée, portant au centre une armoirie entourée de cette devise : « *Sia laudato il santissimo sacramento.* » On voyait au bord de riches arabesques en relief, et on lisait au revers l'inscription suivante : « Du chasteau de Fontainebleau. » Le vernis brun de ces plats, dont les ornements annonçaient la fin du XVIe siècle, et l'inscription italienne, pourraient faire supposer qu'ils sont originaires du comtat Venaissin, qui faisait alors partie des États de l'Église.

SUR LA PETITE VILLE DE FAYENCE (VAR).

Quelques personnes ont voulu faire dériver du nom de cette ville celui sous lequel on désigne communément la poterie émaillée. Cette opinion s'appuie sur un passage de Mézeray énumérant les places réduites par Lesdiguières dans la campagne contre le duc de Savoie, en 1592. « Fayence, dit-il, plus renommée par les vaisselles de terre qui s'y font que par sa grandeur ni par son importance. »

Hofmann, dans son *Lexicon universale* (1698), s'exprime ainsi : « *Faventia, vulgo* Faience, *urbs Provinciæ in Gall., cujus figulina laudantur.* » C'est-à-dire : « Faventia, vulgairement Faïence, ville de Provence, en France, dont les poteries sont estimées. » Suivant le *Dictionnaire Etymologique* de Ménage, « il se fait aussi de la faïence en France, dans la petite ville de Faïance ». Moreri, d'un autre côté, dit, dans son *Dictionnaire Historique*, que « quelques auteurs confondent ce bourg avec Faenza, ville d'Italie, au sujet de la vaisselle qu'on fait dans cette dernière ville ».

Après avoir cité ces différentes opinions, j'ajouterai qu'il me paraît probable que Mézeray, trompé par la similitude du nom de cette ville avec celui qu'on donnait de son temps à la vaisselle, sera tombé dans une erreur qui aura elle-même trompé les écrivains postérieurs.

Le nom de la petite ville de Faïence vient assurément de celui de Faventia, qui est commun à plusieurs localités. Quant au nom de la faïence, il dérive tout simplement de Faenza, et on en peut trouver la preuve dans nos auteurs du XVIe siècle, qui appellent cette vaisselle de la *faenze*.

FIN.

TABLE DES MATIÈRES.

5956 — Paris, impr. de Jouaust et fils, rue Saint-Honoré, 338.